Sosthène PIANGHA

La vie par la foi

Sosthène PIANGHA

La vie par la foi

Une transformation de gloire en gloire par le Seigneur et l'Esprit.

Éditions Croix du Salut

Imprint
Any brand names and product names mentioned in this book are subject to trademark, brand or patent protection and are trademarks or registered trademarks of their respective holders. The use of brand names, product names, common names, trade names, product descriptions etc. even without a particular marking in this work is in no way to be construed to mean that such names may be regarded as unrestricted in respect of trademark and brand protection legislation and could thus be used by anyone.

Cover image: www.ingimage.com

Publisher:
Éditions Croix du Salut
is a trademark of
Dodo Books Indian Ocean Ltd. and OmniScriptum S.R.L publishing group

120 High Road, East Finchley, London, N2 9ED, United Kingdom
Str. Armeneasca 28/1, office 1, Chisinau MD-2012, Republic of Moldova, Europe
Printed at: see last page
ISBN: 978-620-3-84588-4

Table des matières

Table des illustrations

Introduction

La vie par la foi est la vie que devrait mener toute personne ayant reçu Jésus-Christ dans sa vie comme seigneur et sauveur. Cette vie qui consiste à passer par l'étroite porte, le chemin resserré qui mènent à la vie. (Matthieu 7:14). C'est à dire vers le royaume de Dieu.

Cependant bien qu'ayant reçu Jésus-Christ dans leur vie comme seigneur et sauveur, force est de constater que plusieurs croyants préfèrent marcher par la vue au lieu de se lancer dans une véritable vie par la foi tél qu'il est écrit : « *car nous marchons par la foi et non par la vue, nous sommes pleins de confiance, et nous aimons mieux quitter ce corps et demeurer auprès du Seigneur* » (2 Corinthiens 5:8-9).

Ce qu'il faut noter c'est que le chemin de la vie éternelle est tellement parsemé d'embuches et d'obstacles qu'il est tout à fait impossible de le suivre avec nos capacités naturelles comme l'intelligence, la force, la sagesse, l'argent etc.

Pour fortifier l'esprit des disciples en les exhortant à persévérer dans la foi, Paul a dit ceci : « *...c'est par beaucoup de tribulations qu'il nous faut entrer dans le royaume de Dieu* ». (Actes 14:22)

Un exemple typique d'une personne qui emprunte le chemin de la vie éternelle est celui du personnage de jeu vidéo.

En effet, les réalisateurs des jeux vidéo mettent généralement en scène un personnage principal soumis à plusieurs épreuves. Il peut s'agir d'une voie qui se coupe soudainement, les flammes qui jaillissent de nulle part, une voie qui présente des courbures complexes, des projectiles, des flèches, les agresseurs qui sortent de partout etc.

Dans la plus part des cas on vous proposera deux versions, une première qui consiste à téléguider manuellement le personnage avec des manettes pour l'emmener à surmonter ses épreuves.

Pour les joueurs les moins performants, dès la première épreuve le personnage est vaincu. Par contre pour les plus performants, le personnage arrive à surmonter quelques épreuves mais fini malgré tout par succomber car chaque victoire entraine d'autres épreuves beaucoup plus complexes qui finissent en fin de compte par anéantir le personnage.

La deuxième version est en fait une démo désignant une version de démonstration d'un jeu vidéo, le plus souvent utilisée à des fins promotionnelles. Elle peut être proposée en supplément gratuit dans les magazines spécialisés, sur des bornes en magasin, en téléchargement via internet ou comme un supplément offert lors de l'achat d'un autre jeu ou même d'une autre console où le personnage est conduit automatiquement comme par une main invisible ainsi il arrive de manière extraordinaire à surmonter tous ses obstacles.

La première version est assimilable à la vie du chrétien qui cherche à surmonter les difficultés de sa vie avec ses capacités naturelles comme l'intelligence, la force, la sagesse etc. mais qui finit malgré tout par échouer.

La deuxième version représente celle du chrétien qui se laisse conduire par Dieu lui-même et qui finit par surmonter ses obstacles de façon miraculeuse. Cette dernière version est en effet l'image de la vie d'une personne qui vit par la foi.

La difficulté avec la vie par la foi c'est qu'on entend parler de la foi mais on ne comprend pas toujours ce que c'est ni comment s'y prendre. C'est pourquoi dans le développement de cet ouvrage, nous verrons ce que c'est la foi de façon pragmatique, d'où viennent les obstacles que nous rencontrons pendant notre marche vers le royaume de Dieu et enfin comment les éliminer de façon miraculeuse.

I. La foi

« *La foi est une ferme assurance des choses qu'on espère, une démonstration de celles qu'on ne voit pas* ». (Hébreux 11:1)

En effet lorsqu'on veut obtenir quelque chose de la part d'une personne, la première des choses à faire c'est de savoir si la personne est à même de nous accorder la chose désirée et ensuite il faut mener les démarches ou les actions en vue d'emmener la personne à nous accorder ladite chose. Il peut s'agir de la formulation d'une requête, des louanges, de l'octroi des cadeaux etc. De même lorsque nous voulons recevoir quelque chose de la part de Dieu nous devons chercher à savoir si Dieu est capable de nous donner la chose désirée et ensuite faire tout ce qui est nécessaire pour attirer la faveur de Dieu sur nous. C'est ce qu'on entendrait par la foi. Ainsi, dans la foi nous avons deux principes fondamentaux :

- le principe de « la certitude, la connaissance ou la ferme assurance ».

  Job étant un homme de foi a dit: « *Mais je sais que mon rédempteur est vivant, Et qu'il se lèvera le dernier sur la terre. Quand ma peau sera détruite, il se lèvera; Quand je n'aurai plus de chair, je verrai Dieu. Je le verrai, et il me sera favorable; Mes yeux le verront, et non ceux d'un autre; Mon âme languit d'attente au dedans de moi....* » Job 19:26.
  Un homme de foi c'est avant tout une personne qui sait, qui connait, qui a la certitude, qui à l'assurance que son Dieu est vivant et il finit toujours par agir.

- le principe de « l'activité ou de la démonstration ».

La bible déclare : « *Mais quelqu'un dira: Toi, tu as la foi; et moi, j'ai les œuvres. Montre-moi ta foi sans les œuvres, et moi, je te montrerai la foi par mes œuvres. Tu crois qu'il y a un seul Dieu, tu fais bien; les démons le croient aussi, et ils tremblent. Veux-tu savoir, ô homme vain, que la foi sans les œuvres est inutile?... Comme le corps sans âme est mort, de même la foi sans les œuvres est morte.*». (Jacques 2:18- 26).

En d'autres termes la foi sans la démonstration par la pratique des œuvres est inutile.

1. Le principe de la connaissance

Une personne qui veut vivre par la foi doit chercher avant tout à avoir la connaissance sinon la certitude que Dieu est capable de lui donner ce qu'il désir. Pour se faire, il doit écouter des prédications et suivre les enseignements bibliques pour connaitre de quoi Dieu est capable, ce qu'il a déjà fait, ce qu'il a promis de faire à tous ceux qui lui cherchent. « *Ainsi la foi vient de ce qu'on entend, et ce qu'on entend vient de la parole de Christ* » (Romains 10:17).

La personne peut aussi chercher à connaitre ce que Dieu peut faire pour elle à travers des révélations, des songes, des visions etc. car « *Dieu parle cependant, tantôt d'une manière, Tantôt d'une autre, et l'on n'y prend point garde. Il parle par des songes, par des visions nocturnes, Quand les hommes sont livrés à un profond sommeil, Quand ils sont endormis sur leur couche* ». (Job 33:15).

L'apôtre Paul disait cependant : « *Je vous déclare, frères, que l'Evangile qui a été annoncé par moi n'est pas de l'homme; car je ne l'ai ni reçu ni appris d'un homme, mais par une révélation de Jésus-Christ.* » Galates 1:12

Il y a ainsi des choses que nous pouvons connaitre de Dieu n'ont pas par l'entremise des hommes à travers des prédications et des enseignements bibliques mais par une révélation de Jésus-Christ lui-même.

2. Le principe de l'activité

Il s'agit ici de mener des activités visant à emmener Dieu à nous accorder ce que nous voulons. La première des choses à faire c'est de connaitre ce que Dieu veut.

a. Connaitre la volonté de Dieu

Nous ne pouvons pas emmener quelqu'un à faire ce que nous voulons si nous ne connaissons pas ce que la personne veut. Si nous ignorons ce que la personne aime nous ferons ce qu'il déteste et attirerons non sa faveur mais plutôt sa colère sur nous. C'est ainsi que la bible déclare : « *Mon peuple est détruit, parce qu'il lui manque la connaissance. Puisque tu as rejeté la connaissance, Je te rejetterai, et tu seras dépouillé de mon sacerdoce; Puisque tu as oublié la loi de ton Dieu, J'oublierai aussi tes enfants* ». (Osée 4:6).

Quand on ignore ce que Dieu aime, on fait ce qu'il déteste et on s'attire sa colère d'où la nécessité de connaitre la volonté de Dieu quand on veut recevoir quelque chose de sa part. Pour se faire, nous devons écouter les prédications, suivre les enseignements bibliques et chercher à avoir des révélations personnelles sur la volonté de Dieu pour nous. La bible déclare : « *Pendant qu'ils servaient le Seigneur dans leur ministère et qu'ils jeûnaient, le Saint-Esprit dit: Mettez-moi à part Barnabas et Saul pour l'œuvre à laquelle je les ai appelés* ». (Actes 13:2)

Ainsi pour connaitre la volonté de Dieu, on doit non seulement écouter les prédications et suivre les enseignements bibliques mais nous pouvons aussi chercher à recevoir une révélation personnelle de la part de Dieu en le servant et en jeûnant comme ce fut le cas pour Barnabas et Saul.

b. L’exercice spirituel

Les exercices spirituels à l’instar des exercices corporels ont le pouvoir d’améliorer la santé de notre esprit afin de le rendre apte à faire des exploits tel qu’il est écrit : « *Avec Dieu, nous ferons des exploits; Il écrasera nos ennemis* ». (Psaume 60:12). Dans son épitre à Timothée Paul dit : « *Exerce-toi à la piété; car l’exercice corporel est utile à peu de chose, tandis que la piété est utile à tout, ayant la promesse de la vie présente et de celle qui est à venir* » (1 Timothée 4.8).

La piété c’est l’attachement fervent aux devoirs et aux pratiques de la religion. (Les éditions Le Robert et Google, 1951)

S’exercer c’est se soumettre à un entraînement pour acquérir une pratique (Google, 2023).

La piété est donc un ensemble des devoirs divins dont l’exercice permet d’en maitriser la pratique. Donc une fois dotée de la connaissance des principes divins, nous devons nous exercer à mettre cela en pratique. Ceci nous permettra de faire des exploits avec Dieu autrement dit de recevoir ce que nous voulons de la part de Dieu.

Figure 1: exercice physique image exercice spirituel

Dans l'épitre aux éphésiens Paul dit : « *Faites en tout temps par l'Esprit toutes sortes de prières et de supplications. Veillez à cela avec une entière persévérance, et priez pour tous les saints* ». (Éphésiens 6:18)

Moise dit à Josué : « *Que ce livre de la loi ne s'éloigne point de ta bouche; médite-le jour et nuit, pour agir fidèlement selon tout ce qui y est écrit; car c'est alors que tu auras du succès dans tes entreprises, c'est alors que tu réussiras.* » (Josué 1:8).

Il s'agit donc de mener toutes sortes d'activités spirituelles en vue de recevoir quelque chose de la part de Dieu. C'est ainsi que nous irons de succès en succès, de réussite en réussite, de victoire en victoire, de gloire en gloire selon ce qui est écrit : « *Nous tous qui, le visage découvert, contemplons comme dans un miroir la gloire du Seigneur, nous sommes transformés en la même image, de gloire en gloire, comme par le Seigneur, l'Esprit* ». (2 Corinthiens 3:18).

Avec les exercices spirituels, tout comme avec les exercices corporels, le succès n'est jamais instantané mais étape par étape, de gloire en gloire, un exploit entraine un autre exploit, une gloire fait appel à une autre gloire, un succès entraine un autre succès, une réussite entraine une autre réussite, une victoire entraine une autre victoire ainsi de suite jusqu' à ce que nous parvenions à la mesure de la stature parfaite de christ selon qu'il est écrit :« *Et il a donné les uns comme apôtres, les autres comme prophètes, les autres comme évangélistes, les autres comme pasteurs et docteurs, pour le perfectionnement des saints en vue de l'œuvre du ministère et de l'édification du corps de Christ, jusqu'à ce que nous soyons tous parvenus à l'unité de la foi et de la connaissance du Fils de Dieu, à l'état d'homme fait, à la mesure de la stature parfaite de Christ...* ». (Éphésiens 4:11-13).

Il est donc question d'avancer progressivement dans la gloire de Dieu c'est à dire que plus nous nous appliquerons à faire ce que Dieu veut plus nous verrons la gloire de Dieu et plus nous verrons la gloire de Dieu, plus nous nous appliquerons d'avantage à faire ce que Dieu veut et plus Dieu fera d'avantage ce que nous volons ainsi de suite. Autrement dit, Dieu fait ce que nous volons lorsque nous faisons ce qu'il veut afin de nous encourager à faire d'avantage ce qu'il veut. D'où l'intérêt pour nous de multiplier les actions visant à faire éclater la gloire de Dieu dans nos vies.

L'exemple le plus typique de l'évolution dans la gloire de Dieu est celui du roi David. Lorsque David faisait paître les brebis de son père. Et quand un lion ou un ours venait en enlever une du troupeau, il courait après lui, il le frappait, et arrachait la brebis de sa gueule. S'il se dressait contre lui, il le saisissait par la gorge, il le frappait, et le tuait. (1 Samuel 17:34-35).

Autrement dit David était habitué à voir la gloire de Dieu si bien qu'à la vue du Philistin de Gath, nommé Goliath, alors que tous ceux d'Israël s'enfuirent devant lui et furent saisis d'une grande crainte. Chacun disait: Avez-vous vu s'avancer cet homme? (1 Samuel 17:24) David dit: « *L'Eternel, qui m'a délivré de la griffe du lion et de la patte de l'ours, me délivrera aussi de la main de ce Philistin.* » (1 Samuel 17:37).

David s'était servi de ses victoires passées avec le seigneur pour remporter une nouvelle victoire avec Dieu. Pour le peuple cette victoire de David sur Goliath était un évènement extraordinaire mais pour David c'était normal parce qu'il était habitué à voir Dieu opéré dans sa vie. Telle est la vie de toute personne qui vit par la foi, pour elle le miracle est normal, c'est un évènement ordinaire car il est habitué à voir la gloire de Dieu.

II. L'origine des obstacles sur le chemin du salut

Ne pas connaitre l'origine des obstacles dans notre vie en tant qu'enfant de Dieu peut être source de grande frustration qui peut conduire jusqu'à l'abandon total de la foi et donc à la perdition.

L'ignorance des causes de notre souffrance pendant notre marche chrétienne peut nous emmener à penser que Dieu a besoin de nous soumettre à plusieurs épreuves pour nous donner le droit d'entrer au ciel. Ce qui n'est pas le cas car :

1. Dieu ne tente personne ; (jacques 1 : 13)
2. La vie éternelle est un don gratuit de Dieu ;(Ro.6 :23)
3. Dieu veut que tous les hommes soient sauvés… (1tim2 :4)

C'est ainsi dire que si ça ne tenait qu'à Dieu les portes du royaume des cieux seraient larges et le chemin du ciel spacieux pour permettre à tous les hommes d'y accéder cependant nous avons un accusateur, Satan le diable qui trouve un intérêt à nous empêcher d'entrer au ciel. Il ne cesse alors de nous accuser devant Dieu et ses anges tél que ce fut le cas avec Job. La bible dit : « *Et Satan répondit à l'Eternel: Est-ce d'une manière désintéressée que Job craint Dieu? Ne l'as-tu pas protégé, lui, sa maison, et tout ce qui est à lui? Tu as béni l'œuvre de ses mains, et ses troupeaux couvrent le pays. Mais étends ta main, touche à tout ce qui lui appartient, et je suis sûr qu'il te maudit en face… L'Eternel dit à Satan: Voici, je te le livre: seulement, épargne sa vie. Et Satan se retira de devant la face de l'Eternel. Puis il frappa Job d'un ulcère malin, depuis la plante du pied jusqu'au sommet de la tête* ». (Job 1:9-11 ; 2 :6-7).

Ainsi les obstacles que nous rencontrons sur le chemin du salut ne sont autres que des coups que nous recevons de la part de Satan pour nous emmener à perdre notre foi en Dieu, abandonnant ainsi le chemin de la vie.

Figure 2: la chute de Satan et sa colère contre les hommes

La bible dit encore : « *Et le dragon fut irrité contre la femme, et il s'en alla faire la guerre aux restes de sa postérité, à ceux qui gardent les commandements de Dieu et qui ont le témoignage de Jésus.* » (Apocalypse 12:17).

Pourquoi le diable est si en colère contre ceux qui se dirigent vers le royaume des cieux ?

Parce qu'il a autrefois vécu au ciel mais à cause de sa rébellion, il a été précipité sur la terre lui et ses anges déchus (Apocalypse 12:7-9,12) et il sait qu'il lui reste peu de temps pour qu'il soit jeté dans le feu éternel mais il sait aussi qu'il peut entrainer avec lui les hommes faites à l'image de Dieu (Matthieu.25 :41). C'est pour cela qu'il cherche à tout prix à resserrer le chemin du ciel contre tous ceux qui veulent y accéder.

1. Les origines du diable

La bible déclare ceci : « *Tu étais en Eden, le jardin de Dieu; Tu étais couvert de toute espèce de pierres précieuses, De sardoine, de topaze, de diamant, De chrysolithe, d'onyx, de jaspe, De saphir, d'escarboucle, d'émeraude, et d'or; Tes tambourins et tes flûtes étaient à ton service, Préparés pour le jour où tu fus créé. Tu étais un chérubin protecteur, aux ailes déployées; Je t'avais placé et tu étais sur la sainte montagne de Dieu; Tu marchais au milieu des pierres étincelantes. Tu as été intègre dans tes voies, Depuis le jour où tu fus créé Jusqu'à celui où l'iniquité a été trouvée chez toi. Par la grandeur de ton commerce Tu as été rempli de violence, et tu as péché; Je te précipite de la montagne de Dieu, Et je te fais disparaître, chérubin protecteur, Du milieu des pierres étincelantes. Ton cœur s'est élevé à cause de ta beauté, Tu as corrompu ta sagesse par ton éclat; Je te jette par terre, Je te livre en spectacle aux rois. Par la multitude de tes iniquités, Par l'injustice de ton commerce, Tu as profané tes sanctuaires; Je fais sortir du milieu de toi un feu qui te dévore, Je te réduis en cendre sur la terre, Aux yeux de tous ceux qui te regardent. Tous ceux qui te connaissent parmi les peuples Sont dans la stupeur à cause de toi; Tu es réduit au néant, tu ne seras plus à jamais!* ». (Ézéchiel 28:14-19)

La bible parle ici de Satan qui était autrefois au ciel couvert de gloire et de majestueux. Il fut un chérubin protecteur, aux ailes déployées; Dieu l'avais placé sur la sainte montagne de Dieu; il marchait au milieu des pierres étincelantes. Il a été intègre dans ses voies, depuis le jour où il fut créé Jusqu'à celui où l'iniquité a été trouvée chez lui. A cause de sa grandeur, il a été rempli de violence, et il a péché; Dieu la précipité de la montagne de Dieu, Et il l'a fait disparaître du milieu des pierres étincelantes. Son cœur s'est élevé à cause de sa beauté, il a corrompu sa sagesse par son éclat; Dieu l'a jeté par terre, il l'a livré en spectacle.

Il est écrit **:** « *Ta magnificence est descendue dans le séjour des morts, avec le son de tes luths; Sous toi est une couche de vers, Et les vers sont ta couverture. Te voilà tombé du ciel, Astre brillant, fils de l'aurore! Tu es abattu à terre, Toi, le vainqueur des nations! Tu disais en ton cœur: Je monterai au ciel, J'élèverai mon trône au-dessus des étoiles de Dieu; Je m'assiérai sur la montagne de l'assemblée, A l'extrémité du septentrion Je monterai sur le sommet des nues, Je serai semblable au Très-Haut. Mais tu as été précipité dans le* *séjour des morts, Dans les profondeurs de la fosse. Ceux qui te voient fixent sur toi leurs regards, Ils te considèrent attentivement: Est-ce là cet homme qui faisait trembler la terre, Qui ébranlait les royaumes…».* (Ésaïe 14:11-17*)*

Satan s'appelait autrefois astre brillant, en latin **Lucifer** signifiant « porteur de lumière », composé de « *lux* (lumière) » et « *ferre* (porter) » (google, 2023). Il était autrefois responsable de la louange au ciel mais il s'est dit en son cœur: « *Je monterai au ciel, J'élèverai mon trône au-dessus des étoiles de Dieu; Je m'assiérai sur la montagne de l'assemblée, A l'extrémité du septentrion Je monterai sur le sommet des nues, Je serai semblable au Très-Haut* ». Mais son plan a échoué et il a été ainsi précipité dans le séjour des morts, Dans les profondeurs de la fosse.

En lisant le texte ci-dessus on se rend à l'évidence que Satan à bien voulu prendre la place de Dieu. C'est pourquoi, il est écrit : « *Et il y eut guerre dans le ciel. Michel et ses anges combattirent contre le dragon. Et le dragon et ses anges combattirent, mais ils ne furent pas les plus forts, et leur place ne fut plus trouvée dans le ciel. Et il fut précipité, le grand dragon, le serpent ancien, appelé le diable et Satan, celui qui séduit toute la terre, il fut précipité sur la terre, et ses anges furent précipités avec lui».* (Apocalypse 12:7-9)

Dans sa soif de conquérir le pouvoir Satan a donc réussit à rallier une partie des anges du ciel à sa cause. Ainsi ils firent la guerre à Dieu mais l'ange Michael ainsi que les autres anges restés fidèles à Dieu combattirent contre le dragon qui est l'image du diable et ses anges, et ils ne furent pas les plus forts, et leur place ne fut plus trouvée dans le ciel. Le grand dragon, le serpent ancien, appelé le diable et Satan, il fut précipité sur la terre, et ses anges furent précipités avec lui.

2. Le sort du diable

Apres sa défaite au ciel, Dieu fixa un temps où le diable et ses anges seront jetés dans le feu éternel où ils seront tourmentés jour et nuit, aux siècles des siècles selon qu'il est écrit : « *Et le diable, qui les séduisait, fut jeté dans l'étang de feu et de soufre, où sont la bête et le faux prophète. Et ils seront tourmentés jour et nuit, aux siècles des siècles* ». (Apocalypse 20:10)
C'est pourquoi la bible dit **:** « ... *réjouissez-vous, cieux, et vous qui habitez dans les cieux. Malheur à la terre et à la mer! Car le diable est descendu vers vous, animé d'une grande colère, sachant qu'il a peu de temps* »**.** (Apocalypse 12:12)

Voilà pourquoi le diable manifeste sa colère contre les habitants de la terre en cherchant par tous les moyens possibles à leur bloquer le chemin du ciel à travers toutes sortes des attaques que lui et ses démons organisent contre tous ceux qui veulent hériter le royaume de Dieu tél qu'il est écrit **:** « *Et le dragon fut irrité contre la femme, et il s'en alla faire la guerre aux restes de sa postérité, à ceux qui gardent les commandements de Dieu et qui ont le témoignage de Jésus.* » (Apocalypse 12:17)

III. Le combat spirituel

La loi sur le contrôle de l'athlétisme RRO 1990, règlement 52 général, du 1er mars 2022, PARTIE I.1 portant boxe professionnelle — dispositions générales, stipule que :

« 47. La présente partie s'applique aux compétitions ou aux exhibitions professionnelles de boxe au cours desquelles les coups peuvent être donnés au moyen des seuls poings ou au moyen des poings et des pieds.

47.1 Les catégories de poids prévues aux fins des compétitions ou des exhibitions professionnelles de boxe sont les suivantes :

1. Jusqu'à 118 livres inclusivement, la différence de poids entre les adversaires ne pouvant dépasser trois livres.

2. De 119 livres à 130 livres inclusivement, la différence de poids entre les adversaires ne pouvant dépasser quatre livres.

3. De 131 livres à 183 livres inclusivement, la différence de poids entre les adversaires ne pouvant dépasser cinq livres.

4. De 184 livres à 200 livres inclusivement, la différence de poids entre les adversaires ne pouvant dépasser 12 livres.

5. Plus de 201 livres.» (Google, 2022).

Ainsi d'après la loi sur le contrôle de l'athlétisme RRO 1990, le rapport de force est un élément très capital dans les compétitions ou exhibitions professionnelles de boxe. Il est en effet strictement interdit à deux adversaires de différentes forces d'aller en compétition. De même en matière de combat spirituel, Dieu ne permettra jamais que nous soyons tentés au-delà de nos forces tel qu'il est écrit : « … *Dieu, qui est fidèle, ne permettra pas que vous soyez tentés au-delà de vos forces; mais avec la tentation il préparera aussi le moyen d'en sortir, afin que vous puissiez la supporter* ». (1 Corinthiens 10:13).

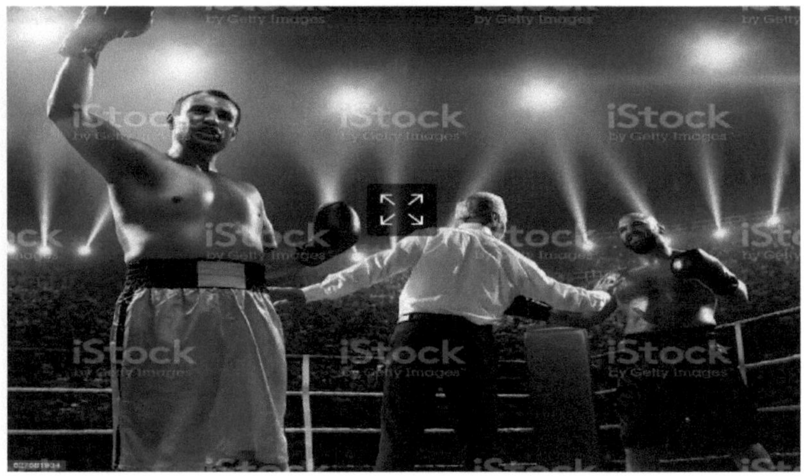

Figure 3: compétition de boxe image du combat spirituel

Cela prouve à suffisance que le combat spirituel n'est pas un combat sauvage où tous les coups sont permis. Tout comme les compétitions de boxe, le combat spirituel est un combat loyal dont les participants respectent un code d'honneur et où il y a un arbitre qui a un rôle de gestionnaire du jeu et des joueurs et peut siffler très souvent pour interrompre le jeu quand les règles établies ne sont pas respectées. (google, 2023). Cet arbitre c'est Dieu lui-même.

1. Le code d'honneur

Le combat spirituel est donc un combat qui se déroule dans le strict respect d'un code d'honneur, c'est à dire d'un ensemble de règles que doivent impérativement respecter les parties au combat. Cet ensemble des règles n'est autre que la parole de Dieu. Lors de la tentation contre Job, L'Eternel dit à Satan: *«... Voici, je te le livre: seulement, épargne sa vie »* (Job 2:6)

Ne pas toucher à la vie de Job était une règle fixée par Dieu et que Satan devait impérativement respecter. Nous voyons par-là que le diable agit toujours en fonction des règles établies. Il ne pourra en aucun cas aller au-delà des règles fixées par Dieu. C'est ainsi que lorsque le diable vint tenter Adam et Eve dans le jardin d'éden, il se référa à la parole de Dieu : « *Dieu a-t-il réellement dit: Vous ne mangerez pas de tous les arbres du jardin?* » (Genèse 3:1).

Dans la tentation contre Jésus-Christ dans le désert, il s'est toujours appuyé sur ce qui est écrit. La bible dit : « *Le diable le transporta dans la ville sainte, le plaça sur le haut du temple, et lui dit: Si tu es Fils de Dieu, jette-toi en bas; car il est écrit: Il donnera des ordres à ses anges à ton sujet; Et ils te porteront sur les mains, De peur que ton pied ne heurte contre une pierre. Jésus lui dit: Il est aussi écrit: Tu ne tenteras point le Seigneur, ton Dieu* ». (Matthieu 4:4-6)

Nous voyons ici comment d'une part le diable s'est référé au code d'honneur qui est la parole de Dieu pour attaquer jésus –christ et d'autre part comment Jésus-Christ est resté ferme dans la parole de Dieu pour se défendre contre les ruses sinon contre les attaques du diable. Il est donc impératif que nous puissions chercher à avoir une connaissance exacte des écritures afin de pouvoir agir fidèlement selon tout ce qui y est écrit tel qu'il est écrit : «*Que ce livre de la loi ne s'éloigne point de ta bouche; médite-le jour et nuit, pour agir fidèlement selon tout ce qui y est écrit; car c'est alors que tu auras du succès dans tes entreprises, c'est alors que tu réussiras* » (Josué 1:8).

En d'autres termes, on dirait : « … *car c'est alors que tu auras la victoire sur le diable* ».

2. La stratégie du diable

Au regard de ce qui précède, nous comprenons que notre victoire dans le combat spirituel dépend de notre connaissance des saintes écritures et de leur mise en pratique. C'est pourquoi il est écrit : « *Mon peuple est détruit, parce qu'il lui manque la connaissance…* » (Osée 4:6)

Il est écrit : « *Revêtez-vous de toutes les armes de Dieu, afin de pouvoir tenir ferme contre les ruses du diable* » (Éphésiens 6:12).

Si donc le diable arrive à nous vaincre c'est tout simplement à cause de notre ignorance ainsi qu'à notre désobéissance vis-à-vis de la parole de Dieu car la stratégie du diable dans le combat spirituel c'est la ruse, cette faculté qu'il a de nous induire dans le péché et le péché, étant consommé, produit la mort selon qu'il est écrit : « *Mais chacun est tenté quand il est attiré et amorcé par sa propre convoitise. Puis la convoitise, lorsqu'elle a conçu, enfante le péché; et le péché, étant consommé, produit la mort* » (Jacques 1:15).

C'est pourquoi il est écrit : « *Que votre parole soit oui, oui, non, non; ce qu'on y ajoute vient du malin* ». (Matthieu 5:37).

Le « oui, oui et le non, non », c'est la fermeté à la parole de Dieu. Ainsi, aussi longtemps que nous resterions fermes dans la parole de Dieu, le diable ne fera rien contre nous selon qu'il est écrit : « *Soumettez-vous donc à Dieu; résistez au diable, et il fuira loin de vous.* » *(Jacques 4:7)*

Une question se pose alors : Comment pouvions-nous résister au diable pour qu'il puisse fuir loin de nous ?

Tout simplement en nous soumettons à Dieu par un respect strict du code d'honneur qui est la parole de Dieu.

Mais quelqu'un dira pourquoi Dieu permet-il au diable d'utiliser la ruse pour nous combattre ?

Probablement parce que cela fait partie des règles établies. Car sachez-le, le Diable n'a pas le pouvoir de faire ce qui ne lui est pas permit par Dieu selon qu'il est écrit : «*Dieu, qui est fidèle, ne permettra pas que vous soyez tentés au-delà de vos forces...* » (1 Corinthiens 10:13).

Sachant que le sort du diable est déjà scellé, il est probable que Dieu par sa souveraineté ait accordé au diable le droit de mentir pour nous combattre tout comme nous avons le droit de rester ferme dans la vérité pour nous défendre. C'est comme si le mensonge était une sorte de marge d'erreur à la quelle Satan à droit et que ce dernier exploite avec délicatesse pour nous entrainer avec lui dans le péché. Quant à nous, nous sommes tenus de rester fermes dans la vérité car nous n'avons pas le droit de suivre le diable dans ses manœuvres au cas contraire nous partagerons le même sort que lui selon qu'il est écrit : « *Ensuite il dira à ceux qui seront à sa gauche: Retirez-vous de moi, maudits; allez dans le feu éternel qui a été préparé pour le diable et pour ses anges* ». (Matthieu 25:41)

Le mensonge ici ce n'est pas seulement le fait de se soustraire entièrement de la vérité mais même quand nous ajoutons ou nous retranchons un point ou une virgule dans la parole de Dieu, nous sommes déjà dans le mensonge tél qu'il est écrit : « *Je le déclare à quiconque entend les paroles de la prophétie de ce livre: Si quelqu'un y ajoute quelque chose, Dieu le frappera des fléaux décrits dans ce livre; et si quelqu'un retranche quelque chose des paroles du livre de cette prophétie, Dieu retranchera sa part de l'arbre de la vie et de la ville sainte, décrits dans ce livre* » (Apocalypse 22:18-19)

Jésus-Christ a dit : «*Vous avez pour père le diable, et vous voulez accomplir les désirs de votre père. Il a été meurtrier dès le commencement, et il ne se tient pas dans la vérité, parce qu'il n'y a pas de vérité en lui. Lorsqu'il profère le mensonge, il parle de son propre fonds; car il est menteur et le père du mensonge* » (Jean 8:44).

Si donc Satan se permet de mentir autrement dit d'ajouter sinon de retrancher des choses de la parole de Dieu c'est évidemment parce qu'il ne lui est pas interdit de mentir et s'il lui est permit de mentir c'est parce que comme le dit le seigneur qu'il n'y a pas de vérité en lui.

En effet interdire à Satan de mentir c'est comme qui dirait interdire le serpent de mordre ou interdire le lion et l'ours de se servir de leurs griffes pour chasser ou pour se défendre contre des éventuels prédateurs sachant que c'est tout ce qu'ils disposent comme moyen de lutte.

La bible déclare : « *vous connaîtrez la vérité, et la vérité vous affranchira* » Jean 8:32.

Satan se sert donc du mensonge pour nous attaquer et nous avons la vérité pour nous défendre. Chacun combat alors avec les moyens dont ils disposent, tout dépend de la manière dont chacun se sert de ses moyens. D'où la nécessité pour nous de méditer jour et nuit la parole de Dieu afin d'agir fidèlement selon ce qui y écrit.

3. Le coach qui exerce nos mains au combat

Dieu n'est pas seulement un arbitre qui veille au respect des règles établies dans le combat, il est aussi un entraineur à nos côtés, un coach qui exerce nos mains au combat selon qu'il est écrit :

« *C'est Dieu qui me ceint de force, Et qui me conduit dans la voie droite. Il rend mes pieds semblables à ceux des biches, Et il me place sur mes lieux élevés. Il exerce mes mains au combat, Et mes bras tendent l'arc d'airain. Tu me donnes le bouclier de ton salut, Ta droite me soutient, Et je deviens grand par ta bonté. Tu élargis le chemin sous mes pas, Et mes pieds ne chancellent point. Je poursuis mes ennemis, je les atteins, Et je ne reviens pas avant de les avoir anéantis. Je les brise, et ils ne peuvent se relever; Ils tombent sous mes pieds. Tu me ceins de force pour le combat, Tu fais plier sous moi mes adversaires. Tu fais tourner le dos à mes ennemis devant moi, Et j'extermine ceux qui me haïssent. Ils crient, et personne pour les sauver! Ils crient à l'Éternel, et il ne leur répond pas! Je les broie comme la poussière qu'emporte le vent, Je les foule comme la boue des rues. Tu me délivres des dissensions du peuple; Tu me mets à la tête des nations; Un peuple que je ne connaissais pas m'est asservi. Ils m'obéissent au premier ordre, Les fils de l'étranger me flattent; Les fils de l'étranger sont en défaillance, Ils tremblent hors de leurs forteresses. Vive l'Éternel, et béni soit mon rocher! Que le Dieu de mon salut soit exalté, Le Dieu qui est mon vengeur, Qui m'assujettit les peuples, Qui me délivre de mes ennemis! Tu m'élèves au-dessus de mes adversaires, Tu me sauves de l'homme violent. C'est pourquoi je te louerai parmi les nations, ô Éternel! Et je chanterai à la gloire de ton nom. Il accorde de grandes délivrances* *à son roi, Et il fait miséricorde à son oint, A David, et à sa postérité, pour toujours. » (*Psaume 18:32-50*).*

C'est pour cette raison que nous n'avons pas à nous inquiéter lorsque nous sommes tentés par le diable. Tout ce que nous avons à faire, c'est de lui résister par une foi ferme (1 Pierre 5:9). La bible déclare : « *Soumettez-vous donc à Dieu; résistez au diable, et il fuira loin de vous* ». (Jacques 4:7).

Aussi longtemps que nous tiendrons ferme dans la parole de Dieu, le diable ne pourra rien contre nous selon qu'il est écrit : « *Voici, je vous ai donné le pouvoir de marcher sur les serpents et les scorpions, et sur toute la puissance de l'ennemi; et rien ne pourra vous nuire* ». (Luc 10:19) Mais si nous nous retirons de la parole de Dieu sachant que nous avons déjà perdu la bataille ainsi que notre âme pour l'éternité. (Hé.10 :39)

Le but étant de chasser le diable loin de nous car aussi longtemps qu'il rodera près de nous, il trouvera toujours le moyen de nous dévorer selon qu'il est écrit : « *Soyez sobres, veillez. Votre adversaire, le diable, rôde comme un lion rugissant, cherchant qui il dévorera. Résistez-lui avec une foi ferme, sachant que les mêmes souffrances sont imposées à vos frères dans le monde » (1* Pierre 5:8-9).

Nous devons donc être capable de déplacer le champ d'action du diable et de le déporter très loin de notre porté jusque dans les abimes sans fin où il n'aura aucun contrôle sur nous. Pour ce faire nous avons besoin de rester ferme dans la parole de Dieu.

IV. Le Saint Esprit

« *L'Esprit du Seigneur est sur moi, Parce qu'il m'a oint pour annoncer une bonne nouvelle aux pauvres; Il m'a envoyé pour guérir ceux qui ont le cœur brisé, Pour proclamer aux captifs la délivrance, Et aux aveugles le recouvrement de la vue, Pour renvoyer libres les opprimés, Pour publier une année de grâce du Seigneur. Ensuite, il roula le livre, le remit au serviteur, et s'assit. Tous ceux qui se trouvaient dans la synagogue avaient les regards fixés sur lui. Alors il commença à leur dire: Aujourd'hui cette parole de l'Ecriture, que vous venez d'entendre, est accomplie.* ». (Luc 4:21)

Figure 4: image Saint-Esprit

Ce passage montre que l'Esprit du Seigneur est descendu sur Jésus-Christ non seulement pour annoncer la bonne nouvelle du royaume mais aussi pour proclamer aux captifs la délivrance, Et aux aveugles le recouvrement de la vue, pour renvoyer libres les opprimés, et pour publier une année de grâce du Seigneur.

A la question de savoir si Jésus–christ était le messie qui devait venir sauver le monde Jésus leur répondit: « *Allez rapporter à Jean ce que vous entendez et ce que vous voyez: les aveugles voient, les boiteux marchent, les lépreux sont purifiés, les sourds entendent, les morts ressuscitent, et la bonne nouvelle est annoncée aux pauvres* ». (Matthieu 11:4-5)

Autrement dit Jésus-Christ n'avait pas que pour mission d'annoncer la bonne nouvelle du royaume mais aussi de faire de sorte que les aveugles voient, les boiteux marchent, les lépreux soient purifiés, les sourds entendent, les morts ressuscitent.

Quand le moment était venu pour le seigneur d'envoyer les disciples prêcher la bonne nouvelle à toute la création, voici ce que dit la bible :

« *Puis il leur dit: Allez par tout le monde, et prêchez la bonne nouvelle à toute la création. Celui qui croira et qui sera baptisé sera sauvé, mais celui qui ne croira pas sera condamné. Voici les miracles qui accompagneront ceux qui auront cru: en mon nom, ils chasseront les démons; ils parleront de nouvelles langues; ils saisiront des serpents; s'ils boivent quelque breuvage mortel, il ne leur fera point de mal; ils imposeront les mains aux malades, et les malades, seront guéris. Le Seigneur, après leur avoir parlé, fut enlevé au ciel, et il s'assit à la droite de Dieu. Et ils s'en allèrent prêcher partout. Le Seigneur travaillait avec eux, et confirmait la parole par les miracles qui l'accompagnaient* ». (Marc 16:16-20).

Et quand les apôtres annonçaient la bonne nouvelle qu'est ce qui se passait ?

La bible dit ceci: « *comment échapperons-nous en négligeant un si grand salut, qui, annoncé d'abord par le Seigneur, nous a été confirmé par ceux qui l'ont entendu, Dieu appuyant leur témoignage par des signes, des prodiges, et divers miracles, et par les dons du Saint-Esprit distribués selon sa volonté* ». (Hébreux 2:3-4).

En d'autres termes le témoignage des apôtres était accompagné des signes, des prodiges, des divers miracles, et par la distribution des dons du Saint-Esprit.

Quelle est donc la place des signes, des prodiges, des miracles, et de la distribution des dons du Saint-Esprit dans l'Eglise?

Au regard de ce qui précède, il apparait que les signes, des prodiges, des miracles, et les dons du Saint-Esprit sont les manifestations du Saint-Esprit et elles sont au cœur de la vie de l'Eglise autrement dit on ne peut pas dissocier l'évangélisation avec la manifestation des signes, des prodiges, des miracles, et les dons du Saint-Esprit.

La bible dit : « *Et Dieu a établi dans l'Eglise premièrement des apôtres, secondement des prophètes, troisièmement des docteurs, ensuite ceux qui ont le don des miracles, puis ceux qui ont les dons de guérir, de secourir, de gouverner, de parler diverses langues* » (1 Corinthiens 12:29*)*

Pourquoi de nos jours, les églises ne prennent-elles pas alors au sérieux la manifestation authentique du Saint-Esprit à travers des signes, des prodiges, des miracles, et la distribution des dons du Saint-Esprit comme si c'était en vain que tout ceci a été établi au sein de l'Eglise sinon par pure fantaisie?

La bible déclare ceci : « *Mais vous recevrez une puissance, le Saint-Esprit survenant sur vous, et vous serez mes témoins à Jérusalem, dans toute la Judée, dans la Samarie, et jusqu'aux extrémités de la terre* ». (Actes 1:8)

Pourquoi le seigneur a-t-il tenu à ce que les disciples reçoivent d'abord une puissance à savoir le Saint-Esprit avant d'aller annoncer la bonne nouvelle ?

Parce qu'on ne peut pas parler du salut sans parler des manifestations du Saint –Esprit tout comme on ne parlera jamais des manifestations du Saint-Esprit sans parler du salut et vice-versa. Les deux actions sont intimement liées. On ne peut donc pas prétendre annoncer la bonne nouvelle du royaume de Dieu si nous ne sommes pas à mesure de manifester la puissance du Saint-Esprit de même, on ne pourra jamais chercher à manifester la puissance du Saint-Esprit si nous ne sommes pas intéressés par le salut des âmes perdues. C'est ainsi qu'il est écrit : « *Et ils s'en allèrent prêcher partout. Le Seigneur travaillait avec eux, et confirmait la parole par les miracles qui l'accompagnaient* » (Marc 16:20).

Il n'y a donc pas d'évangélisation sans miracle tout comme il n'y aura jamais des miracles sans évangélisation. Ainsi on ne devrait pas avoir d'une part des églises évangéliques qui ne font qu'annoncer la bonne nouvelle du royaume des cieux et d'autre part des églises pentecôtistes qui sont spécialisées dans l'accomplissement des miracles mais nous devons plutôt chercher à avoir une église « ***évangélique-pentecôtiste*** » où la prédication de la bonne nouvelle du royaume des cieux est accompagnée des signes, des prodiges, des miracles ainsi que de la distribution des dons du Saint-Esprit tél qu'il est écrit : « *Allez par tout le monde, et prêchez la bonne nouvelle à toute la création. Celui qui croira et qui sera baptisé sera sauvé, mais celui qui ne croira pas sera condamné. Voici les miracles qui accompagneront ceux qui auront cru: en mon nom, ils chasseront les démons; ils parleront de nouvelles langues; ils saisiront des serpents; s'ils boivent quelque breuvage mortel, il ne leur fera point de mal; ils imposeront les mains aux malades, et les malades, seront guéris* » (Marc 16:16-19).

En effet le chemin du royaume des cieux est semblable à un étau que le diable ne cesse de resserrer pour empêcher que plusieurs puissent y passer. Ce resserrement se caractérise par une souffrance manifestée à travers les maladies, la pauvreté, les troubles sociaux, l'oppression et toute sorte des problèmes de la vie. Il est donc évident qu'une église qui est dans l'incapacité de manifester la puissance du Saint-Esprit à travers des signes, des prodiges et divers miracles pour délivrer le peuple de Dieu de l'emprise du diable sera de même incapable de les emmener au ciel.

Quand il s'agissait de faire sortir le peuple d'Israël de l'Egypte pour les emmener vers la terre promise Dieu dit à moise *: « J'ai vu la souffrance de mon peuple qui est en Egypte, et j'ai entendu les cris que lui font pousser ses oppresseurs, car je connais ses douleurs. Je suis descendu pour le délivrer de la main des Egyptiens, et pour le faire monter de ce pays dans un bon et vaste pays, dans un pays où coulent le lait et le miel,* *dans les lieux qu'habitent les Cananéens, les Héthiens, les Amoréens, les Phéréziens, les Héviens et les Jébusiens...Je sais que le roi d'Egypte ne vous laissera point aller, si ce n'est par une main puissante. J'étendrai ma main, et je frapperai l'Egypte par toutes sortes de prodiges que je ferai au milieu d'elle. Après quoi, il vous laissera aller.* » (*Exode 3:7-8,19)*

« Le pays où coulent le lait et le miel » représente le royaume de Dieu, le peuple d'Israël c'est l'image de ceux qui veulent hériter le royaume de Dieu et enfin le roi d'Egypte c'est l'image du prince de ce monde selon ce qu'il est écrit, c'est jésus qui parle : « *Je ne parlerai plus guère avec vous; car le prince du monde vient. Il n'a rien en moi* ». (Jean 14:30)

L'histoire du peuple d'Israël nous montre combien de fois Satan ne laissera personne entrer au ciel aussi facilement si ce n'est par l'intervention d'une main puissante. Il est donc indispensable que Dieu frappe le monde satanique par toute sorte des signes, des prodiges et divers miracles, pour que Satan puisse laisser le chrétien avancer vers le royaume de Dieu. C'est pour ainsi dire qu'un ministère où il n'y a que des discours sans la manifestation du Saint-Esprit à travers des signes, des prodiges, et divers miracles, et où les dons du Saint-Esprit ne sont pas distribués conduira difficilement sinon très peu des gens au ciel d'où la nécessité d'aspirer au don les meilleurs. Or les églises ne mettent l'accent que sur l'éloquence, la beauté des discours cependant elles renient ce qui en fait la force à savoir le saint Esprit. (2 Timothée 3:5).

Figure 5: le chemin du royaume des cieux semblable à un étau

Lisant donc l'apôtre Paul : « *Moi-même j'étais auprès de vous dans un état de faiblesse, de crainte, et de grand tremblement; et ma parole et ma prédication ne reposaient pas sur les discours persuasifs de la sagesse, mais sur une démonstration d'Esprit et de puissance, afin que votre foi fût fondée, non sur la sagesse des hommes, mais sur la puissance de Dieu.* » (1 Corinthiens 2:3-5).

Nous voyons que dans l'exercice de son ministère, Paul cherchait plutôt à faire une démonstration d'Esprit et de puissance plutôt qu'à soigner son discours selon qu'il est écrit : « *Car, dit-on, ses lettres sont sévères et fortes; mais, présent en personne, il est faible, et sa parole est méprisable.* » (2 Corinthiens 10:1)

La bible dit : « *Le jour de la Pentecôte, ils étaient tous ensemble dans le même lieu. Tout à coup il vint du ciel un bruit comme celui d'un vent impétueux, et il remplit toute la maison où ils étaient assis. Des langues, semblables à des langues de feu, leur apparurent, séparées les unes des autres, et se posèrent sur chacun d'eux. Et ils furent tous remplis du Saint-*

*Esprit, et se mirent à parler en d'autres langues, selon que l'Esprit leur donnait de s'exprimer » (*Actes 2:1-4).

Examinons donc ce qui se passa le jour de la pentecôte après que les disciples furent tous remplis du Saint-Esprit :

1. **Le zèle**

« *Alors Pierre, se présentant avec les onze, éleva la voix, et leur parla en ces termes: Hommes Juifs, et vous tous qui séjournez à Jérusalem, sachez ceci, et prêtez l'oreille à mes paroles! Ces gens ne sont pas ivres, comme vous le supposez, car c'est la troisième heure du jour* »**.** (Actes 2:15)

Plusieurs croyants n'ont pas le courage de se tenir devant les gens pour annoncer la bonne nouvelle. Ils trouvent ainsi toute sorte d'excuses pour justifier leur conduite mais la raison de fond est qu'ils ne sont pas suffisamment ivres du Saint-Esprit pour témoigner le seigneur car la bible déclare : « *Car ce n'est pas un esprit de timidité que Dieu nous a donné, mais un esprit de force, d'amour et de sagesse ».* (2 Timothée 1:7).

Le Saint Esprit est donc celui qui nous remplit de force, d'amour et de sagesse nécessaires pour annoncer l'évangile.

2. **Le touché du cœur**

« *Après avoir entendu ce discours, ils eurent le cœur vivement touché, et ils dirent à Pierre et aux autres apôtres: Hommes frères, que ferons-nous »? (*Actes 2:37)

Il est écrit **:** « *Cependant je vous dis la vérité: il vous est avantageux que je m'en aille, car si je ne m'en vais pas, le consolateur ne viendra pas vers vous; mais, si je m'en vais, je vous l'enverrai. Et quand il sera venu, il convaincra le monde en ce qui concerne le péché, la justice, et le jugement:* » (Jean 16:8).

Nous nous efforçons très souvent à toucher les cœurs des fidèles avec la beauté de nos discours, par l'éloquence dans nos prêches, nous ignorons que cela est du ressort de l'Esprit Saint. Ce n'est pas la beauté de nos discours qui emmène les cœurs vers le seigneur mais c'est la puissance du Saint-Esprit qui convainc les cœurs en ce qui concerne le péché, la justice, et le jugement et les emmènent à une conversion sincère. C'est en effet en vertu de la puissance du Saint-Esprit que les hommes naissent de nouveau et deviennent des nouvelles créatures des sortes que les anciennes choses passent et que toutes choses deviennent nouvelles tel qu'il est écrit : « *Si quelqu'un est en Christ, il est une nouvelle créature. Les choses anciennes sont passées; voici, toutes choses sont devenues nouvelles* ». (2 Corinthiens 5:17)

Ne nous préoccupons donc pas de ce que nous allons dire lorsqu'il s'agit de parler de la part du seigneur mais cherchons plutôt à être conduit par le Saint-Esprit selon qu'il est écrit *« Mais, quand on vous livrera, ne vous inquiétez ni de la manière dont vous parlerez ni de ce que vous direz: ce que vous aurez à dire vous sera donné à l'heure même; car ce n'est pas vous qui parlerez, c'est l'Esprit de votre Père qui parlera en vous »*. (Matthieu 10:20)

3. La croissance quantitative de l'église

« Ceux qui acceptèrent sa parole furent baptisés; et, en ce jour-là, le nombre des disciples s'augmenta d'environ trois mille âmes ». (Actes 2:41)

Actuellement plusieurs serviteurs de Dieu utilisent des techniques du marketing (panneau, spot, affiche publicitaire, media, réseaux sociaux etc.) pour faire accroitre leur église mais beaucoup en sont déçu par le simple fait qu'âpres avoir attiré les foules par la publicité et d'autres techniques, ils ont souvent du mal à faire assoir ces âmes dans leur église. Ceux-ci finissent bien après par quitter l'église. Evidemment parce que ces églises n'ont pas suffisamment de la puissance pour retenir les nouvelles âmes dans la présence de Dieu car nous avons besoin de la puissance du Dieu pour être capables d'avoir part à l'héritage des saints dans la lumière, pour être délivrés de la puissance des ténèbres et pour être transportés dans le royaume du Fils de son amour, en qui nous avons la rédemption, la rémission des péchés. (Colossiens 1:12-14)

4. La persévérance dans les enseignements

« *Ils persévéraient dans l'enseignement des apôtres, dans la communion fraternelle, dans la fraction du pain, et dans les prières* ». (Actes 2:42)

Pourquoi certains chrétiens sont-ils flottants et emportés par tout vent de doctrine ?

Évidemment parce qu'il n'y pas assez de puissance dans les églises ou ils sont membres pour leur délivrer de la puissance des ténèbres afin de les diriger près des eaux paisibles, de restaurer leur âme et de les conduire dans les sentiers de la vie juste. (Psaume 23:1-6)

En d'autres termes les enseignements qu'ils reçoivent au sein de leurs églises ne sont autres que le fruit de l'intelligence ou de l'expérience mais pas une inspiration du Saint-Esprit. Or le Saint-Esprit est celui qui nous enseigne tel qu'il est écrit : *« Mais le consolateur, l'Esprit-Saint, que le Père enverra en mon nom, vous enseignera toutes choses, et vous rappellera tout ce que je vous ai dit»*. (Jean 14:26)

5. La communion fraternelle.

Plusieurs chrétiens préfèrent avoir des amis dans le monde que d'en avoir dans l'église certainement parce qu'il n'y trouve pas l'amour fraternelle qui n'est autre qu'un fruit du Saint –Esprit selon qu'il est écrit : « *Mais le fruit de l'Esprit, c'est l'amour...* ». (Galates 5:22)

6. La prière

La plupart des chrétiens sont incapables de rester longtemps en prière ou de prier régulièrement. Certains s'ennuient, d'autres s'endorment.

La bible dit : « *l'esprit est bien disposé, mais la chair est faible* ». (Matthieu 26:41).

En effet Le Saint Esprit nous aide pendant les moments de faiblesse et intercède par des soupirs exprimable selon qu'il est écrit : « *De même aussi l'Esprit nous aide dans notre faiblesse, car nous ne savons pas ce qu'il nous convient de demander dans nos prières. Mais l'Esprit lui-même intercède* ». (Romains 8:26)

7. La crainte de Dieu

« La crainte s'emparait de chacun, et il se faisait beaucoup de prodiges et de miracles par les apôtres. » Actes 2:43

Tous les jours nous prêchons au peuple de Dieu d'abandonner le péché et de marcher dans la sanctification. Cependant combien de membres de nos églises abandonnent-ils réellement le péché pour marcher dans la sanctification ?

Nous avons pour la plus part de cas dans nos églises des croyants hypocrites qui font semblant de marcher dans la sanctification. Ils ont en effet l'apparence de la piété mais au-dedans ce sont des loups qui ravissent selon qu'il est écrit : *« Gardez-vous des faux prophètes. Ils viennent à vous en vêtements de brebis, mais au dedans ce sont des loups ravisseurs. »* (Matthieu 7:15)

La bible déclare*: « Car les hommes seront égoïstes, amis de l'argent, fanfarons, hautains, blasphémateurs, rebelles à leurs parents, ingrats, irréligieux, insensibles, déloyaux, calomniateurs, intempérants, cruels, ennemis des gens de bien, traîtres, emportés,* *enflés d'orgueil, aimant le plaisir plus que Dieu, ayant l'apparence de la piété, mais reniant ce qui en fait la force. Eloigne-toi de ces hommes-là.* » (2 Timothée 3:5)

Les croyants préfèrent avoir l'apparence de la piété au lieu de mener une véritable vie de sanctification. Il s'agit ici de manifester les fruits de l'Esprit à savoir l'amour, la joie, la paix, la patience, la bonté, la bénignité, la fidélité, la douceur, la tempérance. (Galates 5:23). Pour ce faire, nous avons besoin du Saint-Esprit.

8. Les libéralités

« *Tous ceux qui croyaient étaient dans le même lieu, et ils avaient tout en commun. Ils vendaient leurs propriétés et leurs biens, et ils en partageaient le produit entre tous, selon les besoins de chacun.* » (Actes 2:44-45)

Nous avons dû effectuer toute sorte des pratiques visant à motiver les croyants à donner dans l'église utilisant même des pratiques anti-bibliques relevant de la manipulation cependant combien des gens donnent réellement ?

Sachant donc que le rôle des hommes de Dieu est d'enseigner mais c'est au Saint-Esprit de convaincre les adeptes d'apporter à l'église.

9. L'assiduité au temple

« *Ils étaient chaque jour tous ensemble assidus au temple, ils rompaient le pain dans les maisons, et prenaient leur nourriture avec joie et simplicité de cœur, louant Dieu, et trouvant grâce auprès de tout le peuple. Et le Seigneur ajoutait chaque jour à l'Eglise ceux qui étaient sauvés*». (Actes 2:46-47)

Tout le temps nous demandons à nos adeptes de ne pas abandonner l'assemblée mais le constat fait ce qu'il vient en dent de scie. Pourquoi tantôt ils sont là tantôt ils ne sont pas là ?

Evidemment parce que le Saint-Esprit n'est pas là pour leur faire demeurer dans la présence de Dieu.

10. Les miracles et les prodiges

« *Beaucoup de miracles et de prodiges se faisaient au milieu du peuple par les mains des apôtres. Ils se tenaient tous ensemble au portique de Salomon,* » (Actes 5:12)

Nous proclamons de temps en temps des miracles dans nos églises, à la télé, à la radio et à travers les réseaux sociaux mais combien de miracles et de prodiges s'opèrent-ils réellement au milieu des croyants ? Quelques rares peut être alors que la bible déclare que beaucoup des miracles et de prodiges se faisaient au milieu du peuple par les mains des apôtres.

Pourquoi les miracles se font-ils rares dans l'église ? C'est évidemment parce que nous n'avons pas la puissance qu'il faut pour opérer beaucoup des miracles et des prodiges.

Le Saint Esprit est en effet celui qui opère toute sorte des miracles au sein de l'Eglise selon qu'il est écrit : « *Or, à chacun la manifestation de l'Esprit est donnée pour l'utilité commune. En effet, à l'un est donnée par l'Esprit une parole de sagesse; à un autre, une parole de connaissance, selon le même Esprit; à un autre, la foi, par le même Esprit; à un autre, le don des guérisons, par le même Esprit; à un autre, le don d'opérer des miracles; à un autre, la prophétie; à un autre, le discernement des esprits; à un autre, la diversité des langues; à un autre, l'interprétation des langues. Un seul et même Esprit opère toutes ces choses, les distribuant à chacun en particulier comme il veut* » (1 Corinthiens 12:8)

Oh qu'il est insondable ce que Dieu peut faire en nous par le Saint-Esprit *selon qu'il est écrit : « Or, à celui qui peut faire, par la puissance qui agit en nous, infiniment au-delà de tout ce que nous demandons ou pensons, lui soit la gloire dans l'Eglise et en Jésus-*

Christ, dans toutes les générations, aux siècles des siècles! Amen! (Éphésiens 3:20)

Sachons donc qu'il y a des choses que nous nous efforçons de faire dans notre vie chrétienne qui est du ressort du Saint-Esprit d'après ce qui est écrit : *« Ce n'est ni par la puissance ni par la force, mais c'est par mon esprit, dit l'Eternel des armées ».* (Zacharie 4:6)

Et toutefois que nous chercherions à jouer le rôle du Saint –Esprit nous l'attristerions et l'empêcherions d'agir tel qu'il est écrit *: « N'attristez pas le Saint-Esprit de Dieu, par lequel vous avez été scellés pour le jour de la rédemption. »* (Éphésiens 4:30).

Apprenons donc à faire entièrement confiance au Saint-Esprit dans notre vie de tout le jour en lui laissant le contrôle ainsi que la direction de toute chose, nous verrons ainsi combien elle est infiniment grand et insondable la puissance qu'il dispose pour notre salut.

V. La gloire de Dieu

On est bien obligé de constater que de nos jours, les manifestations du Saint-Esprit à travers les signes, les prodiges, les miracles et divers dons de l'Esprit se font de plus en plus rares. Ce qui est étonnant c'est que cette situation ne semble pas préoccuper les croyants car combien d'entre eux se posent la question de savoir pourquoi sommes-nous incapables de faire recouvrer la vue aux aveugles, de faire marcher les paralytiques, de guérir les maladies incurables, de faire entendre les sourds, de ressusciter les morts comme le faisait le seigneur jésus - christ alors que celui-ci a formellement déclaré : « *En vérité, en vérité, je vous le dis, celui qui croit en moi fera aussi les œuvres que je fais, et il en fera de plus grandes, parce que je m'en vais au Père; et tout ce que vous demanderez en mon nom, je le ferai, afin que le Père soit glorifié dans le Fils.*» ? (Jean 14:12).

C'est probablement parce que certains se disent que le temps des miracles est déjà passé. D'autres en effet estiment que ce n'est pas nécessaire de faire les mêmes œuvres que le seigneur, et d'en faire de plus grandes.

En observant le passage biblique ci-dessus, on comprend que c'est Jésus-Christ qui veut que nous fassions les mêmes choses que lui et les plus grandes même pour que le père soit glorifié en lui car Dieu l'a souverainement élevé, et lui a donné le nom qui est au-dessus de tout nom, afin qu'au nom de Jésus tout genou fléchisse dans les cieux, sur la terre et sous la terre, et que toute langue confesse que Jésus-Christ est Seigneur, à la gloire de Dieu le Père. (Philippiens. 2:10-11)

En effet pour que les hommes reconnaissent que Jésus-Christ est Seigneur, à la gloire de Dieu le Père, ils n'ont pas seulement besoin d'entendre la parole de Dieu mais aussi de voir la gloire de Dieu à travers les signes, les prodiges, les miracles ainsi que la distribution des divers dons de l'Esprit selon qu'il est écrit : « *Une grande foule le suivait, parce qu'elle voyait les miracles qu'il opérait sur les malades* ». (Jean 6:2)

C'est pour cette même raison que la bible dit : « *Voici les miracles qui accompagneront ceux qui auront cru: en mon nom, ils chasseront les démons...* » (Marc 16:17-18)

Cependant en dehors des simples slogans que les croyants scandent à longueur de journée sur les medias et à travers les réseaux sociaux pour attirer les foules dans leurs églises combien des croyants ont déjà fait l'expérience d'un véritable prodige comme la guérison d'un paralytique, d'un boiteux, d'une maladie dite incurable (cancer, diabète, insuffisance rénale, VIH etc.)?

Or il est écrit : « *Dieu n'est point un homme pour mentir, Ni fils d'un homme pour se repentir. Ce qu'il a dit, ne le fera-t-il pas? Ce qu'il a déclaré, ne l'exécuterait-il pas?* » (Nombres 23:19)

Jésus christ lui-même, a dit en « vérité » en « vérité » cela veut dire qu'il parlait en toute vérité que nous avons la possibilité de faire aussi les œuvres qu'il a fait, et de plus grandes même. Pourquoi dans la réalité, nous vivons le contraire ?

Il est écrit : « *Au jour du bonheur, sois heureux, et au jour du malheur, réfléchis: Dieu a fait l'un comme l'autre, afin que l'homme ne découvre en rien ce qui sera après lui* ». (Ecclésiaste 7:14)

Ainsi il est bon devant le seigneur notre Dieu de s'interroger quand les choses tournent mal. Or la bible déclare:

- « *Si vous aviez de la foi comme un grain de sénevé, vous diriez à ce sycomore: Déracine-toi, et plante-toi dans la mer; et il vous obéirait* ». (Luc 17:6)
- « *Tout est possible à celui qui croit* », dit Jésus dans Marc 9 : 23.
- *Et enfin, c'est jésus qui parlait : « Si tu crois, tu verras la gloire de Dieu » Jean 11:40*

On comprend par-là que la manifestation de la puissance de Dieu dans notre vie est une question de foi. Il est donc capital de s'interroger sur l'état de notre foi, c'est à dire chercher à savoir si nous avons la foi ou si notre foi n'est –elle pas morte ?

1. La source de la foi

La bible déclare, c'est Jésus-Christ qui parlait : «… *Tout est possible à celui qui croit* » (Marc 9:23).

Pour espérer voir les merveilles de Dieu, nous devons nous assurer d'abord si nous avons la foi. Pour ce faire, nous devons connaitre la source de provenance de la foi.

La bible déclare : « *Ainsi la foi vient de ce qu'on entend, et ce qu'on entend vient de la parole de Christ.* » (Romains 10:17)

Ainsi le principal moyen qui permet de faire naitre en nous la foi, c'est « **la parole de Dieu** ». Pour ce faire, Dieu utilise plusieurs canaux à savoir:

- les ministres de Dieu ;
- le Saint-Esprit ;
- les songes et visions ;
- les épreuves.

a) Les ministres de Dieu

Il est écrit **:** « *Et il a donné les uns comme apôtres, les autres comme prophètes, les autres comme évangélistes, les autres comme pasteurs et docteurs, pour le perfectionnement des saints en vue de l'œuvre du ministère et de l'édification du corps de Christ,* » (Éphésiens 4:12).

Les ministres de Dieu sont en fait des instruments que Dieu utilise pour nous parler de sa part. Ainsi la persévérance dans l'enseignement des ministres de Dieu à savoir les pasteurs, les apôtres, les prophètes, les évangélistes, les docteurs permet de faire naitre en nous la foi.

b) Le Saint-Esprit

« *Pendant qu'ils servaient le Seigneur dans leur ministère et qu'ils jeûnaient, le Saint-Esprit dit: Mettez-moi à part Barnabas et Saul pour l'œuvre à laquelle je les ai appelés* ». (Actes 13:2)

Dieu peut nous parler directement par une « poussée » du Saint-Esprit à travers nos pensées. La bible déclare : « *car ce n'est pas par une volonté d'homme qu'une prophétie a jamais été apportée, mais c'est poussés par le Saint-Esprit que des hommes ont parlé de la part de Dieu* » (2 Pierre 1:21). Ainsi la « poussée ou l'impulsion du Saint-Esprit » est aussi un moyen par lequel Dieu nous parle.

c) Des songes et visions

« *Dieu parle cependant, tantôt d'une manière, Tantôt d'une autre, et l'on n'y prend point garde. Il parle par des songes, par des visions nocturnes, Quand les hommes sont livrés à un profond sommeil, Quand ils sont endormis sur leur couche. Alors il leur donne des avertissements Et met le sceau à ses instructions,* » (Job 33:15)

Nous pouvons recevoir des messages de la part du seigneur à travers des songes et des visions a l'instar du roi Salomon qui a reçu une vision ou le seigneur lui demandait que voulait-il que Dieu fasse pour lui. Il répondit j'ai besoin de la sagesse pour juger ton peuple. Puisque cette demande de Salomon plut au Seigneur, Dieu lui donna non seulement la sagesse mais aussi il lui combla de toute sorte de richesse de sorte qu'à son époque personne ne fut plus riche que Salomon. (1 Rois 3:12).

Dieu se sert également des songes et des visions pour nous parler afin de nous communiquer la foi.

d) Les épreuves

La bible déclare : « *Par la douleur aussi l'homme est repris sur sa couche, Quand une lutte continue vient agiter ses os* » (Job 33:20)

Elle ajoute ceci : « *C'est pourquoi voici, je veux l'attirer et la conduire au désert, et je parlerai à son cœur.* » (Osée 2:14)

Et aussi cela : « *Heureux l'homme que Dieu châtie! Ne méprise pas la correction du Tout-Puissant.* » (Job 5:17)

La douleur, le désert et le châtiment évoquent ce qu'on appelle les épreuves. Dieu se sert en effet de la douleur, des corrections ou du châtiment, du désert pour parler à notre cœur. Ce que certain appellerait le baptême de feu. Il est écrit : « *Déjà la cognée est mise à la racine des arbres: tout arbre donc qui ne produit pas de bons fruits sera coupé et jeté au feu* ». (Matthieu 3:10)

Le feu c'est l'image de la souffrance. Le seigneur se sert également de la souffrance pour nous enseigner sur des choses que personne ne pourrait nous apprendre afin de nous rendre apte à pratiquer les bonnes œuvres qu'il a préparé d'avance tel qu'il est écrit: «*Car nous sommes son ouvrage, ayant été créés en Jésus-Christ pour de bonnes œuvres, que Dieu a préparées d'avance, afin que nous les pratiquions.* » (Éphésiens 2:10).

Il s'agit ici de nous rendre capable d'accomplir certaines missions ou d'assumer certaines fonctions que le seigneur a préparées pour nous. Pour y arriver, Dieu permet que nous puissions subir quelques examens sinon passer quelques épreuves. Ainsi les épreuves une fois réussi nous qualifient pour une mission ou une fonction que Dieu a préparée pour nous. C'est pour cette raison que la bible déclare : «*Nous savons, du reste, que toutes choses concourent au bien de ceux qui aiment Dieu, de ceux qui sont appelés selon son dessein. Car ceux qu'il a connus d'avance, il les a aussi prédestinés à être semblables à l'image de son Fils, afin que son Fils fût le premier-né entre plusieurs frères. Et ceux qu'il a prédestinés, il les a aussi appelés; et ceux qu'il a appelés, il les a aussi justifiés; et ceux qu'il a justifiés, il les a aussi glorifiés....* » (Romains 8:29)

Ainsi l'épreuve est un centre d'apprentissage qui nous prépare pour des grandes choses avec Dieu c'est pourquoi la bible déclare : « *Heureux l'homme qui supporte patiemment la tentation; car, après avoir été éprouvé, il recevra la couronne de vie, que le Seigneur a promise à ceux qui l'aiment.* » (*Jacques 1:12)*

L'épreuve est une source inestimable des richesses tel qu'il est écrit : « *C'est là ce qui fait votre joie, quoique maintenant, puisqu'il le faut, vous soyez attristés pour un peu de temps par diverses épreuves, afin que l'épreuve de votre foi, plus précieuse que l'or périssable qui cependant est éprouvé par le feu, ait pour résultat la louange, la gloire et l'honneur, lorsque Jésus-Christ apparaîtra* », (1 Pierre 1:7).

D'où la nécessité de savoir profiter de nos épreuves. Ceci passe par l'attitude que nous adoptons lors de notre épreuve.

- **L'attitude dans l'épreuve**

Il est écrit : « *Mes frères, regardez comme un sujet de joie complète les diverses épreuves auxquelles vous pouvez être exposés* » (Jacques 1:3)

La bonne attitude à adopter lors de l'épreuve c'est de se dire que nous sommes en classe d'examen en sortant de là nous serons couronnés et qualifiés à pratiquer des bonnes œuvres que Dieu a préparé pour nous. Sachant que l'objectif de l'épreuve n'est pas celui de nous détruire mais de nous former, nous devons avoir en tête que nous bénéficions dans nos épreuves de l'accompagnement de Dieu lui-même pour nous dispenser de la formation adéquate ainsi que pour nous garantir un minimum vital c'est-à-dire une sorte de bourse d'étude pour nous soutenir pendant l'épreuve.

En effet le désert a été une épreuve pour le peuple d'Israël car il est écrit : « *Souviens-toi de tout le chemin que l'Eternel, ton Dieu, t'a fait faire pendant ces quarante années dans le désert, afin de t'humilier et de t'éprouver, pour savoir quelles étaient les dispositions de ton cœur et si tu garderais ou non ses commandements. Il t'a humilié, il t'a fait souffrir de la faim, et il t'a nourri de la manne, que tu ne connaissais pas et que n'avaient pas connue tes pères, afin de t'apprendre que l'homme ne vit pas de pain seulement, mais que l'homme vit de tout ce qui sort de la bouche de l'Eternel. Ton vêtement ne s'est point usé sur toi, et ton pied ne s'est point enflé, pendant ces quarante années. Reconnais en ton cœur que l'Eternel, ton Dieu, te châtie comme un homme châtie son enfant. Tu observeras les commandements de l'Eternel, ton Dieu, pour marcher dans ses voies et pour le craindre. Car l'Eternel, ton Dieu, va te faire entrer dans un bon pays, pays de cours d'eaux, de sources et de lacs, qui jaillissent dans les vallées et dans les montagnes* ». (*Deutéronome 8:3-8)*

Figure 6: les israélites dans le désert

L'objectif du désert était celui de former le peuple d'Israël afin de l'apprendre que l'homme ne vit pas de pain seulement, mais de tout ce qui sort de la bouche de l'Eternel. Ainsi malgré la souffrance que le peuple d'Israël a connue dans le désert Dieu leur a garanti le minimum vital à savoir : la manne comme nourriture et les vêtements qui ne se sont point usés et les pieds qui ne se sont point enflés.

Dans le désert le peuple d'Israël jouissait d'une présence permanente de Dieu qui se manifestait le jour par une colonne de nuée et la nuit dans une colonne de feu selon qu'il est écrit : « *L'Eternel allait devant eux, le jour dans une colonne de nuée pour les guider dans leur chemin, et la nuit dans une colonne de feu pour les éclairer, afin qu'ils marchassent jour et nuit* ». (Exode 13:21)

N'oublions pas donc malgré tout ce que nous pouvons vivre comme épreuve le seigneur est avec nous pour nous guider vers notre destinée.

2. La foi vivante

« *Tu crois qu'il y a un seul Dieu, tu fais bien; les démons le croient aussi, et ils tremblent. Veux-tu savoir, ô homme vain, que la foi sans les œuvres est inutile?... Comme le corps sans âme est mort, de même la foi sans les œuvres est morte* ». (Jacques 2:19-25)

La bible nous apprend que même les démons croient. Donc il ne s'agit pas seulement de croire mais il faut faire de sorte que votre foi soit une « ***foi vivante*** » ou utile, c'est-à-dire une foi capable de faire éclater la gloire de Dieu. Pour ce faire, vous devez vous efforcer à joindre à votre foi les œuvres selon qui est écrit : « *à cause de cela même, faites tous vos efforts pour joindre à votre foi la vertu, à la vertu la science, à la science la tempérance, à la tempérance la patience, à la patience la piété, à la piété l'amour fraternel, à l'amour fraternel la charité* ». (2 Pierre 1:6)

En considérant le passage biblique ci-dessus on remarque que les œuvres qu'on nous demande de joindre à notre foi pour la rendre vivante ou utile sont pratiquement les mêmes que celles de l'Esprit à savoir : l'amour, la joie, la paix, la patience, la bonté, la bénignité, la fidélité, la douceur, la tempérance. (Galates 5:22)

Cela voudrait pour autant dire que les œuvres de la foi ne sont autres que les fruits de l'Esprit, ainsi avoir une foi vivante consiste à marcher selon l'Esprit.

En effet la foi c'est une très bonne chose mais en sus de cela nous devons apprendre à marcher selon l'Esprit selon qu'il est écrit : « *Marchez selon l'Esprit, et vous n'accomplirez pas les désirs de la chair. Car la chair a des désirs contraires à ceux de l'Esprit, et l'Esprit en a de contraires à ceux de la chair; ils sont opposés entre eux, afin que vous ne fassiez point ce que vous voudriez.* » (*Galates 5:16-17)*

Là encore une grande question se pose à savoir qu'est-ce que la marche selon l'Esprit ?

3. La marche selon l'Esprit

Il est écrit **:** « *Ne savez-vous pas que votre corps est le temple du Saint-Esprit qui est en vous, que vous avez reçu de Dieu, et que vous ne vous appartenez point à vous-mêmes***?** » (1 Corinthiens 6:19)

La plus part des croyants pense que le fait d'avoir reçu le Saint-Esprit est suffisant pour marcher selon l'Esprit. Si c'est le cas pourquoi alors nous ne vivions pas toujours la plénitude de la manifestation du Saint-Esprit tel qu'il est écrit : « *Or, à chacun la manifestation de l'Esprit est donnée pour l'utilité commune. En effet, à l'un est donnée par l'Esprit une parole de sagesse; à un autre, une parole de connaissance, selon le même Esprit; à un autre, la foi, par le même Esprit; à un autre, le don des guérisons, par le même Esprit; à un autre, le don d'opérer des miracles; à un autre, la prophétie; à un autre, le discernement des esprits; à un autre, la diversité des langues; à un autre, l'interprétation des langues. Un seul et même Esprit opère toutes ces choses, les distribuant à chacun en particulier comme il veut.* » ? (1 Corinthiens 12:7-11)

Recevoir le Saint-Esprit est une chose, marcher selon l'Esprit en est une autre. En effet nous recevons l'Esprit par la foi en jésus –christ notre sauveur tel qu'il écrit : « *En lui vous aussi, après avoir entendu la parole de la vérité, l'Evangile de votre salut, en lui vous avez cru et vous avez été scellés du Saint-Esprit qui avait été promis* » (Éphésiens 1:13) mais la marche selon l'Esprit est une école à savoir : «***L'ECOLE DU SAINT ESPRIT*** ». D'où la nécessité d'apprendre à marcher selon l'Esprit.

La chose fondamentale à faire dans la marche selon l'Esprit consiste à chercher à connaitre le Saint Esprit afin de pouvoir mieux vivre avec lui. Le Saint-Esprit est en effet une personne qui parle, qui éprouve des sentiments, qui a une volonté et qui agit. Ceci, nous pouvons le constater dans les passages ci-après :

- **Le Saint Esprit parle**

« *Pendant qu'ils servaient le Seigneur dans leur ministère et qu'ils jeûnaient, le Saint-Esprit dit: Mettez-moi à part Barnabas et Saul pour l'oeuvre à laquelle je les ai* appelés ». (Actes 13:2).

Ainsi apprendre à marcher avec l'Esprit c'est apprendre à entendre sa voix. L'Esprit parle cependant, tantôt d'une manière, Tantôt d'une autre, et l'on n'y prend point garde. (Job 33:14)

La bible déclare : «*Et quand il sera venu, il convaincra le monde en ce qui concerne le péché, la justice, et le jugement* » (Jean 16:8). Le Saint-Esprit nous parle tantôt par la voix de la conviction. Il est écrit : « *Mais celui qui a des doutes au sujet de ce qu'il mange est condamné, parce qu'il n'agit pas par conviction. Tout ce qui n'est pas le produit d'une conviction est péché. » (*Romains 14:23*)*.

Quand nous n'avons pas la conviction de faire une chose faisons donc attention. Il est probable que cela soit la voix du Saint-Esprit.

- **Le Saint Esprit éprouve des sentiments**

« *N'attristez pas le Saint-Esprit de Dieu, par lequel vous avez été scellés pour le jour de la rédemption. Que toute amertume, toute animosité, toute colère, toute clameur, toute calomnie, et toute espèce de méchanceté, disparaissent du milieu de vous. Soyez bons les uns envers les autres, compatissants, vous pardonnant réciproquement, comme Dieu vous a pardonné en Christ.*». (Éphésiens 4:30-32)

Il s'agit d'éviter d'attrister le Saint-Esprit de Dieu en faisant de sorte que toute amertume, toute animosité, toute colère, toute clameur, toute calomnie, et toute espèce de méchanceté, disparaissent du milieu de vous. Soyons bons les uns envers les autres, compatissants, nous pardonnant réciproquement, comme Dieu nous a pardonné en Christ.

- **Le Saint Esprit agit**

« *Un seul et même Esprit opère toutes ces choses, les distribuant à chacun en particulier comme il veut* ». (1 Corinthiens 12:11)

Le saint Esprit est celui qui opère toute chose dans l'Eglise. La bible précise qu'il le fait comme il le veut. Le Saint Esprit ne fera jamais des choses comme nous les voudrions mais il les fera toujours comme il le veut. En d'autres termes ce n'est pas au Saint Esprit de nous suivre mais c'est à nous de le suivre. La bible déclare : « *Quand le consolateur sera venu, l'Esprit de vérité, il vous conduira dans toute la vérité; car il ne parlera pas de lui-même, mais il dira tout ce qu'il aura entendu, et il vous annoncera les choses à venir* ». **(Jean 16:13)**

Ce n'est donc pas à nous de chercher à entrainer le Saint-Esprit comme c'est le cas pour beaucoup des chrétiens mais c'est au Saint Esprit de nous conduire. Cependant le problème des croyants c'est de vouloir toujours faire les choses selon leur volonté et d'inviter le Saint-Esprit que lorsqu' ils rencontrent des difficultés ainsi ils échouent et même quand ils arrivent tout de même à résoudre le problème, le rendement est souvent faible, parfois le résultat est médiocre et de courte durée ou suivi d'autres chagrins or il est écrit : « *C'est la bénédiction de l'Eternel qui enrichit, Et il ne la fait suivre d'aucun chagrin.* » (Proverbes 10:22) et la bible ajoute : « *Avec moi sont la richesse et la gloire, Les biens durables et la justice* » (Proverbes 8:18)

Ce que nous devons savoir c'est que Dieu n'a pas besoin de notre aide il a simplement besoin de notre obéissance et que notre vie soit entièrement à lui mais nous avons tendance à penser que si nous n'agissons pas, ne parlons pas, ne luttons pas rien ne peut marcher. La conséquence c'est qu'on finit par chercher à jouer le rôle de Dieu. Le cas de cet homme du nom d'Uzza qui était tué parce qu'il a saisi l'arche de l'alliance sans en avoir l'autorité pendant qu'elle était transportée à Jérusalem. (2 Samuel 1-10). Pourtant il agissait pour une bonne cause, éviter que l'arche de l'alliance se renverse mais puisqu' il n'en avait pas le mandat, il avait été frappé simplement parce que Uzza n'a pas eu confiance en la puissance de Dieu qui pouvait se pourvoir lui-même (Genèse 22:8).

Au lieu de se laisser conduire par Dieu, nous cherchons à faire des choses qui ne relèvent pas de notre compétence, la conséquence c'est que nous avons une vie médiocre au lieu d'en avoir en abondance comme il est écrit : « *Le voleur ne vient que pour voler, égorger et détruire ; moi, je suis venu afin que les brebis aient la vie et que 'elles l'aient en abondance.* » (Jean 10 :10)

Jésus –christ a dit à ses disciples : « *Demeurez en moi, et je demeurerai en vous. Comme le sarment ne peut de lui-même porter du fruit, s'il ne demeure attaché au cep, ainsi vous ne le pouvez non plus, si vous ne demeurez en moi.* » (Jean 15:5)

Ainsi nous ne pouvons pas réussir par notre propre force ni par notre propre intelligence mais c'est en demeurant en christ par la communion du Saint Esprit que nous porterions des fruits.

Les féticheurs, les sorciers, les occultistes et autres ont confiance aux esprits qui opèrent en eux cependant force est de constater que les chrétiens n'ont pas confiance à celui qui peut faire, par la puissance qui agit en eux, infiniment au-delà de tout ce qu'ils demandent ou pensent. (Éphésiens 3:20) Ils préfèrent ainsi résoudre leur problème à leur manière au lieu de se confier entièrement en Dieu.

Le chrétien en fait est semblable à un passager qui au lieu de se contenter de s'assoir confortablement à bord du véhicule pour se laisser conduire par le conducteur, il préfère tenir le volant et conduire lui-même le véhicule. C'est pourquoi nous avons l'impression que la vie chrétienne est pénible à vivre, contraignante et ennuyeuse alors que c'est la vie la plus merveilleuse qu'un homme ne peut connaitre sur la terre. Jésus –christ a dit : « *Prenez mon joug sur vous et recevez mes instructions, car je suis doux et humble de cœur; et vous trouverez du repos pour vos âmes. Car mon joug est doux, et mon fardeau léger* ». (Matthieu 11:29-30)

Cela veut simplement dire que la vie chrétienne est la vie la plus douce que nous pouvons connaitre. Il est écrit : « *J'ai été crucifié avec Christ; et si je vis, ce n'est plus moi qui vis, c'est Christ qui vit en moi; si je vis maintenant dans la chair, je vis dans la foi au Fils de Dieu, qui m'a aimé et qui s'est livré lui-même pour moi* ». (Galates 2:20)

Ainsi la vie chrétienne n'est pas aussi pénible comme on le pense car ce n'est pas nous qui vivons mais c'est le seigneur qui vit en nous. Ce n'est donc pas à nous de conduire le véhicule de notre vie mais c'est le christ qui en est le conducteur par son Esprit-Saint tel qu'il est écrit : « *Quand le consolateur sera venu, l'Esprit de vérité, il vous conduira dans toute la vérité; car il ne parlera pas de lui-même, mais il dira tout ce qu'il aura entendu, et il vous annoncera les choses à venir*». (Jean 16:13)

Apprenant ainsi à faire entièrement confiance à l'Eternel en lui laissant le contrôle ainsi que la direction de notre vie selon qu'il écrit : « *Recommande ton sort à l'Eternel, Mets en lui ta confiance, et il agira. Il fera paraître ta justice comme la lumière, Et ton droit comme le soleil à son midi. Garde le silence devant l'Eternel, et espère en lui; Ne t'irrite pas contre celui qui réussit dans ses voies, Contre l'homme qui vient à bout de ses mauvais desseins. Laisse la colère, abandonne la fureur; Ne t'irrite pas, ce serait mal faire. Car les méchants seront retranchés, Et ceux qui espèrent en l'Eternel posséderont le pays. Encore un peu de temps, et le méchant n'est plus; Tu regardes le lieu où il était, et il a disparu. Les misérables possèdent le pays, Et ils jouissent abondamment de la paix. Le méchant forme des projets contre le juste, Et il grince des dents contre lui. Le Seigneur se rit du méchant, Car il voit que son jour arrive. Les méchants tirent le glaive, Ils bandent leur arc, Pour faire tomber le malheureux et l'indigent, Pour égorger ceux dont la voie est droit. Leur glaive entre dans leur propre cœur, Et leurs arcs se brisent. Mieux vaut le peu du juste Que l'abondance de beaucoup de méchants. Car les bras des méchants seront brisés, Mais l'Eternel soutient les justes. L'Eternel connaît les jours des hommes intègres, Et leur héritage dur à jamais. Ils ne sont pas confondus au temps du malheur, Et ils sont rassasiés aux jours de la famine. Mais les méchants périssent, Et les ennemis de l'Eternel, comme les plus beaux pâturages; Ils s'évanouissent, ils s'évanouissent en fumée. Le méchant emprunte, et il ne rend pas; Le juste est compatissant, et il donne. Car ceux que bénit l'Eternel possèdent le pays, Et ceux qu'il maudit sont retranchés. L'Eternel affermit les pas de l'homme, Et il prend plaisir à sa voie; S'il tombe, il n'est pas terrassé, Car l'Eternel lui prend la main. J'ai été jeune, j'ai vieilli; Et je n'ai point vu le juste abandonné, Ni sa postérité mendiant son pain. Toujours il est compatissant, et il prête; Et sa postérité est bénie. Détourne-toi du mal, fais le bien, Et possède à jamais ta demeure. Car l'Eternel aime la justice, Et il n'abandonne pas ses fidèles; Ils sont toujours sous sa garde, Mais la postérité des méchants est retranchée. Les justes posséderont le pays, Et ils y demeureront à jamais. La bouche du juste annonce la sagesse, Et sa langue proclame la justice. La loi de son Dieu est dans son cœur; Ses pas ne chancellent point. La loi de son Dieu est dans son cœur; Ses pas ne chancellent point. Le méchant épie le juste, Et il cherche à le faire mourir. L'Eternel ne le laisse pas entre ses mains, Et il ne le condamne pas quand il est en jugement.*

Espère en l'Eternel, garde sa voie, Et il t'élèvera pour que tu possèdes le pays; Tu verras les méchants retranchés. J'ai vu le méchant dans toute sa puissance; Il s'étendait comme un arbre verdoyant. Il a passé, et voici, il n'est plus; Je le cherche, et il ne se trouve plus. Observe celui qui est intègre, et regarde celui qui est droit; Car il y a une postérité pour l'homme de paix. Mais les rebelles sont tous anéantis, La postérité des méchants est retranchée. Le salut des justes vient de l'Eternel; Il est leur protecteur au temps de la détresse. Le salut des justes vient de l'Eternel; Il est leur protecteur au temps de la détresse. L'Eternel les secourt et les délivre; Il les délivre des méchants et les sauve, Parce qu'ils cherchent en lui leur refuge ». (Psaume 37:5-40)

1. La prière

Il est écrit : « *Veillez et priez, afin que vous ne tombiez pas dans la tentation; l'esprit est bien disposé, mais la chair est faible* » (Matthieu 26:41).

Comment la prière peut-elle donc nous aider à ne pas tomber dans la tentation c'est-à-dire à marcher dans la sanctification ou selon l'Esprit ?

La bible déclare : « *Ne vous inquiétez de rien; mais en toute chose faites connaître vos besoins à Dieu par des prières et des supplications, avec des actions de grâces. Et la paix de Dieu, qui surpasse toute intelligence, gardera vos cœurs et vos pensées en Jésus-Christ. Au reste, frères, que tout ce qui est vrai, tout ce qui est honorable, tout ce qui est juste, tout ce qui est pur, tout ce qui est aimable, tout ce qui mérite l'approbation, ce qui est vertueux et digne de louange, soit l'objet de vos pensées* ». Philippiens 4:7-8

Figure 7: une personne en prière

Au regard de ce qui précède, on remarque que la prière a un impact très positive sur nos pensées. Elle permet en effet de garder nos pensées en jésus –christ de sorte que tout ce qui est vrai, tout ce qui est honorable, tout ce qui est juste, tout ce qui est pur, tout ce qui est aimable, tout ce qui mérite l'approbation, ce qui est vertueux et digne de louange, soit l'objet de nos pensées.

Or la bible déclare : « *Car c'est du dedans, c'est du cœur des hommes, que sortent les mauvaises pensées, les adultères, les impudicités, les meurtres, les vols, les cupidités, les méchancetés, la fraude, le dérèglement, le regard envieux, la calomnie, l'orgueil, la folie. Toutes ces choses mauvaises sortent du dedans, et souillent l'homme* ». (Marc 7:21-23)

Figure 8: le cœur du pécheur

En parlant ainsi, Jésus –christ voulait simplement dire que c'est du dedans, c'est du cœur des hommes, que sortent les mauvaises choses ainsi tant que notre cœur et nos pensées seront gardées en Jésus-Christ, nous aurons ainsi le pouvoir de faire du bien en tout temps et en toute circonstance. On ne pourra plus alors être à mesure de commettre le mal. C'est ainsi que nous serions appelés des saints, des enfants de Dieu, des hommes faites à l'image de Dieu. Ce n'est que dans cette condition que nous pourrions être à mesure de faire les mêmes choses que le seigneur sinon les plus grandes parce que nous serions ainsi devenus semblable à lui.

Cependant malgré notre vie de prières, force est de constater que nous sommes toujours dans l'incapacité de faire les mêmes choses que le seigneur.

En effet la bible nous demande de prier sans cesse. (1 Thessaloniciens 5:17). Donc il ne s'agit pas de prier une fois, matin-midi-soir etc. pour pouvoir accomplir les même choses que le seigneur mais nous devons veillez à ce que nos pensées et notre cœur soient gardés en Jésus-Christ. C'est pourquoi il est écrit : « *Garde ton cœur plus que toute autre chose, Car de lui viennent les sources de la vie.* » (Proverbes 4:23.)

Il est donc question de veillez sur nos pensées et notre cœur afin de pouvoir les garder en Jésus-Christ. Il s'agit donc de pouvoir ramener par la prière notre cœur et nos pensées dans le seigneur toutefois qu'ils auront tendance à se pencher vers tout ce qui n'est pas vrai, tout ce qui n'est pas honorable, tout ce qui n'est pas juste, tout ce qui n'est pas pur, tout ce qui n'est pas aimable, tout ce qui ne mérite pas l'approbation, ce qui n'est pas vertueux et digne de louange.

A chaque fois que vous seriez amenés à penser à des choses qui ne glorifient pas ainsi le seigneur, il faut prier. Il ne s'agit donc pas de prier pendant un temps précis ou pendant longtemps mais il faut le faire sans cesse, c'est à dire de façon illimitée de sorte que votre cœur et vos pensées soient toujours protéger dans le seigneur. Ceci nous conduit à dire qu'il n'y a point d'heure ni d'endroit fixe pour prier, nous devons apprendre à prier n'importe où et n'importe quand pourvu que cela nous permette de garder nos pensées en Jésus-Christ.

Apprenons donc à prier même quand c'est pas possible, prions même quand tout semble facile, prions même quand nous pensons avoir raison, prions même quand on se sent fort, prions même quand nous sommes habitués à faire la chose, prions même quand tout va bien, prions pour tous et partout, nous apprendrons ainsi à voir la gloire de Dieu d'abord dans les petites choses et ainsi de suite nous évoluerons vers les grandes choses selon qu'il est écrit : « *Nous tous qui, le visage découvert, contemplons comme dans un miroir la gloire du Seigneur, nous sommes transformés en la même image, de gloire en gloire, comme par le Seigneur, l'Esprit* ». 2 Corinthiens 3:18.

4. Le but de la foi

Il est écrit: « *Allez par tout le monde, et prêchez la bonne nouvelle à toute la création. Celui qui croira et qui sera baptisé sera sauvé, mais celui qui ne croira pas sera condamné. Voici les miracles qui accompagneront ceux qui auront cru: en mon nom, ils chasseront les démons; ils parleront de nouvelles langues...* » (Marc 16:18)

En considérant le passage biblique ci-dessus, nous comprenons que le but de notre foi en Jésus-Christ n'est pas celui d'accomplir des miracles mais plutôt de nous conduire vers le salut, de nous permettre de marcher vers le royaume des cieux, d'avoir la vie éternelle selon qu'il est écrit : «*Car Dieu a tant aimé le monde qu'il a donné son Fils unique, afin que quiconque croit en lui ne périsse point, mais qu'il ait la vie éternelle* » (Jean 3:16).

Ainsi Comme le précise le seigneur les miracles sont là justes pour accompagner les croyants vers leur véritable destinée à savoir le royaume de cieux. C'est-à-dire que pendant notre marche vers le royaume de Dieu nous seront confrontés à des multiples problèmes et les miracles viendront donc comme pour débloquer toutes ces situations. L'apôtre Paul a dit à son fils Timothée : « *Pour toi, tu as suivi de près mon enseignement, ma conduite, mes résolutions, ma foi, ma douceur, ma charité, ma constance, mes persécutions, mes souffrances. A quelles souffrances n'ai-je pas été exposé à Antioche, à Icone, à Lystre? Quelles persécutions n'ai-je pas supportées? Et le Seigneur m'a délivré de toutes. Or, tous ceux qui veulent vivre pieusement en Jésus-Christ seront persécutés* » (2 Timothée 3:11-12)

L'apôtre Paul dit ici qu'il était exposé à toute sorte de souffrance et a supporté toute sorte de persécutions mais le seigneur a fini par lui délivrer des toutes. Comment le seigneur faisait-il pour délivrer Paul de toutes ses souffrances et de toutes ses persécutions ? Evidemment en accomplissement des miracles. Cela veut dire nul n'était l'invention de Dieu dans la vie de Paul par divers miracles, il serait quasiment impossible pour lui d'accomplir l'œuvre que Dieu l'a assigné.

La bible nous rapporte une situation dangereuse à laquelle l'apôtre Paul était confronté. Nul n'était l'intervention de Dieu à travers un miracle, la vie de l'apôtre Paul et certainement son ministère devait s'arrêter ce jour-là. C'était lors de son voyage à Rome où il devait comparaitre devant l'empereur. La bible dit : « *Alors Paul se tient debout devant tout le monde et il dit : Mes amis, il fallait m'écouter et ne pas quitter la Crète. Vous auriez évité la tempête et vous n'auriez pas perdu les marchandises. Mais maintenant, je vous le demande : soyez courageux ! En effet, personne ne va mourir, nous perdrons seulement le bateau. Cette nuit, le Dieu à qui j'appartiens et que je sers m'a envoyé son ange. Il m'a dit : "Paul, n'aie pas peur ! Tu dois être jugé devant l'empereur, et à cause de toi, Dieu laisse en vie tous ceux qui voyagent avec toi. Mes amis, courage ! J'ai confiance en Dieu. Oui, ce que Dieu m'a dit va arriver.* » (Actes 27 : 21-25).

Nous voyons ici comment la confiance de Paul envers son Dieu lui a permis de se sauver miraculeusement d'une mort certaine. Les miracles ne sont donc pas une fin en soi pour les chrétiens mais ils nous permettent d'avancer dans notre marche vers le royaume des cieux. C'est pourquoi le seigneur tient à ce que nous puissions demander. Il dit : « *En ce jour-là, vous ne m'interrogerez plus sur rien. En vérité, en vérité, je vous le dis, ce que vous demanderez au Père, il vous le donnera en mon nom. Jusqu'à présent vous n'avez rien demandé en mon nom. Demandez, et vous recevrez, afin que votre joie soit parfaite* ». (Jean 16:24)

Le seigneur veut donc que notre joie soit parfaite. Pour ce faire nous devons savoir demander afin de recevoir constamment.

Il est donc important pour le seigneur que nous soyons dans la joie mais comment serions-nous dans la joie si nous ne sommes pas guéris de nos maladies selon Ésaïe 53:5, si nous sommes constamment dans la médiocrité, si nous sommes dans une pauvreté constante, si notre souffrance est continuelle?

La bible dit : « *Bien-aimé, je souhaite que tu prospères à tous égards et sois en bonne santé, comme prospère l'état de ton âme.* » (3 Jean 1:2)

Donc la volonté de Dieu est que nous puissions prospérer non seulement sur le plan spirituel mais aussi sur tous les plans. Cela ne veut pas dire que notre foi supprimera le malheur dans notre vie. Le malheur nous atteindra de temps à autre mais l'éternel viendra toujours à notre secours selon qu'il est écrit : « *Le malheur atteint souvent le juste, Mais l'Eternel l'en délivre toujours.* » (Psaume 34:19)

Jésus-Christ a dit : « *Ne tends pas méchamment des embûches à la demeure du juste, Et ne dévaste pas le lieu où il repose; Car sept fois le juste tombe, et il se relève, Mais les méchants sont précipités dans le malheur.* » Proverbes 24:16

C'est-à-dire le nombre de fois que le malheur viendra dans notre vie c'est le nombre de fois que l'éternel viendra à notre secours. En d'autres termes l'éternel ne se lasse jamais de secourir ses enfants.

La bible déclare : « *Les bontés de l'Eternel ne sont pas épuisées, Ses compassions ne sont pas à leur terme; Elles se renouvellent chaque matin. Oh! Que ta fidélité est grande!* » (*Lamentations 3:22)*

Sachons que nous avons la garantie du secours de Dieu en tout temps et en toutes circonstances, avançons donc avec assurance vers notre véritable cité car notre cité à nous est dans les cieux, d'où nous attendons aussi comme Sauveur le Seigneur Jésus-Christ, qui transformera le corps de notre humiliation, en le rendant semblable au corps de sa gloire, par le pouvoir qu'il a de s'assujettir toutes choses. (Philippiens 3:20)

Il a dit : « ... *Et voici, je suis avec vous tous les jours, jusqu'à la fin du monde*. » (Matthieu 28:20)

VI. Quel bonheur de marcher avec Lui !

1.
Quel bonheur de marcher avec Lui ! (bis)
Il conduira tous les pas
De mon voyage ici-bas.
Quel bonheur de marcher avec Lui !

2.
Quel bonheur d'avoir un tel Sauveur ! (bis)
Il me garde dans sa main,
Me conduit dans son chemin.
Quel bonheur d'avoir un tel Sauveur !

3.
Quel bonheur de pouvoir le servir ! (bis)
Il est fidèle et puissant,
Son cœur toujours me comprend.
Quel bonheur de pouvoir le servir !

4.
Avec Lui montons toujours plus haut ! (bis)
Ne craignons pas le danger,
Jésus est le bon Berger.
Avec Lui montons toujours plus haut !

5.
Quel bonheur de le bénir sans fin ! (bis)
Car, durant l'éternité,
Je chanterai sa bonté.
Quel bonheur de le bénir sans fin !

(Cantiquest, 2020)

VII. La paix de Dieu

Ne pas comprendre quand et comment Dieu opère dans nos vies est également une grande source de frustration qui peut de même conduire à l'abandon de la foi et donc à la perdition. Il ne s'agit pas d'attendre la matérialisation de la victoire par la foi pour savoir que Dieu nous a délivrés mais nous devons nous rendre compte que Dieu a déjà agi avant même de voir la solution à notre problème. C'est ce qui se passa avec les dix lépreux. Après avoir prié jésus de leur guérir, jésus leur dit d'aller se montrer aux sacrificateurs. Et, pendant qu'ils y allaient, il arriva qu'ils fussent guéris. (Luc 17:11-19) (google, 2022).

Pour les lépreux, la guérison s'est produit pendant qu'ils allaient voir le sacrificateur mais jésus savait qu'ils étaient déjà guéri avant même de leur demander d'aller se présenter auprès des sacrificateurs.

L'apôtre Paul dans son épitre aux philipiens dit : « *Ne vous inquiétez de rien; mais en toute chose faites connaître vos besoins à Dieu par des prières et des supplications, avec des actions de grâces Et la paix de Dieu, qui surpasse toute intelligence, gardera vos cœurs et vos pensées en Jésus-Christ.* ». (Philippiens 4:6-7)

Apres la prière, Paul ne dit pas que vous aurez la solution à vos problèmes mais plutôt vous aurez la paix de Dieu.

Jésus lui-même, en parlant à ses disciples dit : «*Je vous laisse la paix, je vous donne ma paix. Je ne vous donne pas comme le monde donne. Que votre cœur ne se trouble point, et ne s'alarme point.* » (Jean 14:27) (google, 2022)

Il est écrit : « *Demandez, et l'on vous donnera; cherchez, et vous trouverez; frappez, et l'on vous ouvrira.* » (Matthieu 7:7).

D'après ce qui précède nous comprenons que Jésus-Christ ne donne pas comme le monde donne. Il donne d'abord la paix afin que notre cœur ne se trouble point, et ne s'alarme point.

Ceci nous conduit à dire entre la prière sinon l'acte de foi et la solution à nos problèmes, il existe une phase intermédiaire que beaucoup ne font pas attention et finit par passer à côté de leur bénédiction selon qu'il écrit : « *Tu perdras par ta faute l'héritage que je t'avais donné; …* ». (Jérémie 17:4)

En effet ceux qui attendent de voir la matérialisation de la solution à leur problèmes pour savoir que Dieu a agi finissent par penser que « *la main de l'Eternel est trop courte pour sauver, et son oreille trop dure pour entendre* ». (Ésaïe 59:1).

Il tombe ainsi dans la frustration et par conséquent au découragement et finissent par abandonner la foi. D'où la nécessité de comprendre qu'il existe une phase intermédiaire entre l'acte de foi et la réalisation de nos besoins. C'est une phase qui se caractérise par des émotions à savoir la joie et la paix de Dieu qui dépasse toute intelligence, une paix qui ne dépend pas des facteurs de notre environnement externe mais plutôt de notre intérieur. D'où l'intérêt de savoir contrôlé notre cœur lors des activités spirituelles comme la prière, l'adoration, le jeûne etc.

Jésus a dit à thomas: « *Parce que tu m'as vu, tu as cru. Heureux ceux qui n'ont pas vu, et qui ont cru!* ». (Jean 20:28)

Il n'est donc pas bon devant le seigneur de vouloir à tout prix voir la résolution de nos problèmes pour se rendre compte que Dieu a exaucé nos prières.

Un moyen approprié de se rendre à l'évidence que Dieu a exhaussé nos prières est de faire attention à ce qui se passe dans notre cœur. C'est pour cette raison qu'il est écrit : « *Garde ton cœur plus que toute autre chose, Car de lui viennent les sources de la vie.* » Proverbes 4:23.

Notre cœur est comme le tableau de bord de notre vie, il suffit d'y faire attention pour savoir ce qui se passe dans votre vie tant sur le plan physique que sur le plan spirituel.

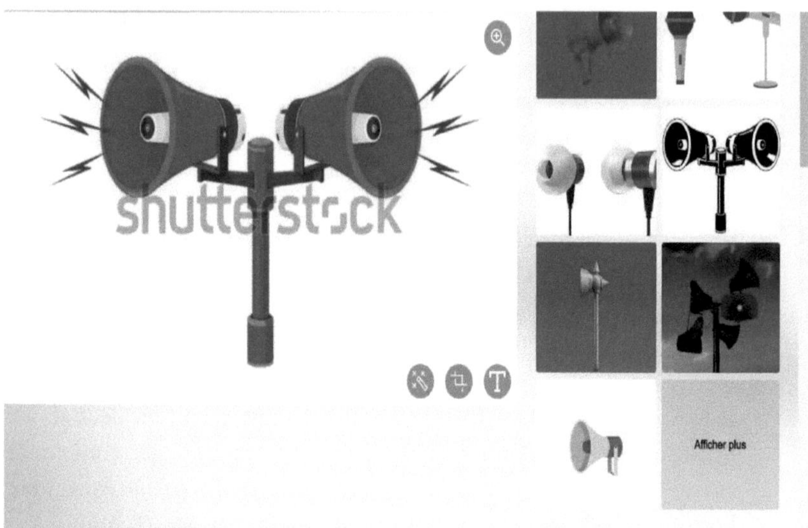

Figure 9: le cœur image de l'alarme du corps

Jésus christ a dit : « *Je vous laisse la paix, je vous donne ma paix. Je ne vous donne pas comme le monde donne. Que votre cœur ne se trouble point, et ne s'alarme point* ». (Jean 14:27)

En s'appuyant sur les propos de Jésus-Christ, on peut se permettre de dire que notre cœur nous sert d'alarme.

D'après le dictionnaire l'alarme c'est en fait un signal pour annoncer l'approche de l'ennemi. (google, 2023) . Notre cœur est donc une source d'information qui nous renseigne sur les dangers environnants tant sur le plan physique que sur le plan spirituel. C'est pour cette raison que nous ne devons pas négliger nos sentiments sinon l'état de notre cœur. Lorsqu'il est troublé cela veut dire qu'il y a danger quelque part lorsqu'il est en paix cela veut dire que la menace a été écartée sinon ignorée pour les incrédules dont le dieu de ce siècle a aveuglé l'intelligence, afin qu'ils ne vissent pas briller la splendeur de l'Evangile de la gloire de Christ, qui est l'image de Dieu. (2 Corinthiens 4:4)

Lorsque nous faisons connaitre nos besoins à Dieu par des prières, des supplications, des actions de grâce. Si nous constatons que notre cœur est en paix, sachons donc que la menace a été écartée. C'est-à-dire que nous avons déjà la solution à nos problèmes malgré ce que nous entendons, voyons, vivons etc. selon qu'il est écrit : « *Bien-aimés, si notre cœur ne nous condamne pas, nous avons de l'assurance devant Dieu. Quoi que ce soit que nous demandions, nous le recevons de lui, parce que nous gardons ses commandements et que nous faisons ce qui lui est agréable.* » (1 Jean 3:22)

Conclusion

La victoire par la foi se repose sur le principe de l'endurance sinon de la persévérance dans la foi. Quel que soit ce que nous voyons, entendons, vivons, sentons etc. gardons en nous la pensée selon laquelle notre rédempteur est vivant, Et qu'il se lèvera le dernier sur la terre et ensuite appliquons nous à la pratique des œuvres de la foi qui ne sont autre que les fruits de L'Esprit notamment l'amour, la joie, la paix, la patience, la bonté, la bénignité, la fidélité, la douceur, la tempérance. C'est ainsi que le diable s'éloignera de nous et que nous sauverons nos âmes. Ce n'est donc qu'au bout de la résistance sinon de la persévérance dans la foi que nous y arriverons selon qu'il est écrit : « *Vous serez haïs de tous, à cause de mon nom. Mais il ne se perdra pas un cheveu de votre tête; par votre persévérance vous sauverez vos âmes.* » (Luc 21:18).

Il ne s'agit pas non plus de remporter une ou deux victoires dans le seigneur pour se retirer de la foi car il est écrit : « *...Or, tous ceux qui veulent vivre pieusement en Jésus-Christ seront persécutés.* » (2 Timothée 3:11-12)

Aussi longtemps que nous resterions sur le chemin de la vie éternelle les persécutions ne cesseront jamais. Le seul moyen de pouvoir mener une vie paisible c'est de se cacher dans le seigneur par la foi selon qu'il est écrit : « *Car vous êtes morts, et votre vie est cachée avec Christ en Dieu* ». (Colossiens 3:3) C'est alors que nous irons de victoire en victoire, de gloire en gloire.

Faisant donc de notre mieux pour que la vie par la foi soit notre vie de tous les jours et que la victoire par la foi devienne notre habitude selon qu'il est écrit : « *Le malheur atteint souvent le juste, Mais l'Eternel l'en délivre toujours.* » (Psaume 34:19).

Bibliographie

Cantiquest. (2020). *Quel bonheur de marcher avec Lui !* Récupéré sur Cantiquest: https://cantiques.yapper.fr/VaM/VaM_126.html

google. (2023, février 13). *Lucifer*. Récupéré sur Wikipédia l'encyclopédie libre.

google. (2022). *https://saintebible.com/john/14-28.htm*. Récupéré sur Jean 14:28 .

google. (2022). *Luc 17:11-19*. Récupéré sur https://www.biblegateway.com/passage/?search=Luc%2017%3A11-19&version=LSG.

Google. (2022, mars 1er). *RRO 1990, Règl. 52 : GÉNÉRALen vertu de la Loi sur le contrôle des sports, LRO 1990, chap. A.34*. Récupéré sur ontario: https://www.ontario.ca/laws/regulation/900052

google. (2023). *https://www.google.com/search?q=alarme+definition&rlz*. Récupéré sur alarme definition.

google. (2023). *le sifflement des arbitres*. Récupéré sur https://www.google.com/search?q=le+sifflement+des+arbitres.

Google. (2023). *s'exercer*. Récupéré sur https://www.google.com/search.

Les éditions Le Robert et Google. (1951). *Pieté.* france: Dico en ligne Le Robert.

Printed by Books on Demand GmbH, Norderstedt / Germany